Anton Menger

Das Recht auf den vollen Arbeitsertrag in geschichtlicher

Darstellung

Anton Menger

Das Recht auf den vollen Arbeitsertrag in geschichtlicher Darstellung

ISBN/EAN: 9783743334595

Hergestellt in Europa, USA, Kanada, Australien, Japan

Cover: Foto ©ninafisch / pixelio.de

Manufactured and distributed by brebook publishing software
(www.brebook.com)

Anton Menger

Das Recht auf den vollen Arbeitsertrag in geschichtlicher

Darstellung

Inhalt.

§. 9. Marx.

§. 10. Louis Blanc und Ferdinand Lassalle.

§. 11. Moderne Bestrebungen. I. Der konservative Socialismus in Deutschland.

§. 12. Moderne Bestrebungen. II. Die Verstaatlichung von Grund und Boden in England.

§. 13. Das Recht auf den vollen Arbeitsertrag und die Eigentumsformen.

X

§. 14. Schlussbemerkungen.

§. 1. Einleitung. Das Recht a) auf den vollen Arbeitsertrag; b) auf Existenz: c) auf Arbeit (droit au travail).

Das Ziel der socialen Bestrebungen unserer Zeit ist im Wesentlichen auf eine neue Ordnung des wirtschaftlichen Lebens der Menschheit gerichtet. Die Grundlage der socialistischen Bestrebungen bildet eine scharfe Kritik unserer bestehenden ökonomischen Ordnung; in ihren Konklusionen laufen aber diese Angriffe auf gewisse rechtsphilosophische Postulate hinaus, welche eine tiefgreifende Abänderung unseres geltenden Vermögensrechts (des Sachen-, Obligationen- und Erbrechts) in sich schliessen. Manche socialistische Systeme überschreiten freilich diese Grenze und bezwecken auch eine neue Ordnung des geschlechtlichen Lebens, die Abschaffung des Staates und der Religion u. s. f.; aber nur jene Forderung einer gründlichen Umgestaltung unseres überlieferten Vermögensrechts kann als das gemeinsame Programm aller socialistischen Schulen angesehen werden.

Betrachten wir nun das wirtschaftliche Leben, wie es uns von allen Seiten umgiebt, so besteht sein wesentlicher Inhalt darin, dass die Menschen zur Befriedigung ihrer Bedürfnisse arbeiten, dass jede Arbeit auf einen Ertrag, jedes Bedürfnis auf Befriedigung gerichtet ist. Arbeit und Arbeitsertrag, Be-

dürfnis und Befriedigung sind in der That die beiden Kausal-
reihen, in welchen sich das wirtschaftliche Leben der Menschheit
vollzieht. Das Ideal eines Vermögensrechts vom wirtschaftlichen Standpunkt wäre deshalb erreicht, wenn die Rechtsordnung bewirken könnte, dass jedem Arbeiter sein voller Arbeitsertrag, jedem Bedürfnis nach Massgabe der vorhandenen
Mittel die volle Befriedigung zu Teil wird.

Unser geltendes Vermögensrecht, welches fast ausschliesslich auf überlieferten Machtverhältnissen beruht, verzichtet von
vornherein darauf, diese wirtschaftlichen Zwecke zu erreichen.
Schon ursprünglich hat die Besiedlung der meisten Länder auf
dem Wege der Occupation und der Eroberung stattgefunden
und auch später hat oft genug das Schwert die bestehende
Vermögensverteilung wieder verändert. Als dann der Staat
die Gesetzgebung über die vermögensrechtlichen Beziehungen
auszuüben begann, begnügte er sich damit, die überlieferten
Machtverhältnisse mit leichten Abänderungen zu sanktionieren.
Es ist deshalb begreiflich, dass unser Vermögensrecht, das sich
in einem ganz anderen als dem wirtschaftlichen Ideenkreise entwickelt hat, weder den Zweck verfolgt, dem Arbeiter seinen
vollen Arbeitsertrag noch auch den vorhandenen Bedürfnissen
ihre möglichst vollkommene Befriedigung zu gewährleisten.

Unser heutiges Vermögensrecht, dessen Mittelpunkt das
Privateigentum bildet, gewährleistet erstens dem Arbeiter
nicht den vollen Arbeitsertrag. Indem nämlich unser Privatrecht die vorhandenen Vermögensobjekte, namentlich die Produktionsmittel, einzelnen Personen durch das Privateigentum
zu beliebiger Benützung überweist, verleiht es diesen eine
Machtstellung, kraft welcher sie ohne eigene Arbeit ein Einkommen beziehen und zur Befriedigung ihrer Bedürfnisse
verwenden können. Dieses Einkommen, welches die von der
Rechtsordnung begünstigten Personen ohne persönliche Gegenleistung an die Gesellschaft empfangen, bezeichnen die Saint-
Simonisten, die Anhänger von Buchez und Rodbertus als

Rente, Thompson und Marx als Mehrwert: ich werde es das arbeitslose Einkommen nennen. Schon die gesetzlich anerkannte Existenz des arbeitslosen Einkommens beweist, dass unser Vermögensrecht sich gar nicht den Zweck gesetzt hat, dem Arbeiter den vollen Arbeitsertrag zu verschaffen.

Am klarsten tritt der Charakter des arbeitslosen Einkommens beim Miet-, Pacht- und Darlehenszins hervor. Hier beschränkt sich die Thätigkeit des Berechtigten wesentlich darauf, das arbeitslose Einkommen von dem Verpflichteten in Empfang zu nehmen. Aber auch dann, wenn der Grund- und Kapitaleigentümer selbst die Landwirtschaft, ein Gewerbe oder den Handel betreibt, muss ihm regelmässig ein arbeitsloses Einkommen in der Form von Grundrente oder Kapitalgewinn (profit) zufallen. Um dieses in dem einzelnen Falle festzustellen, braucht man von dem Gesamteinkommen, welches der Selbstbetrieb abwirft, nur jenen Betrag abzuziehen, welchen der Grund- oder Kapitaleigentümer aufwenden müsste, um seine eigene Mitwirkung an der Produktion durch die Thätigkeit eines Stellvertreters zu ersetzen.

Unser heutiges Vermögensrecht setzt sich aber — und dieses ist der zweite Punkt — auch nicht den Zweck, allen Bedürfnissen nach Massgabe der vorhandenen Mittel die volle Befriedigung zu verschaffen. Unsere privatrechtlichen Gesetzbücher enthalten vielmehr keinen einzigen Rechtssatz, der dem Einzelnen auch nur jene Sachgüter und Dienstleistungen zuweisen würde, die zur Erhaltung seiner Existenz unentbehrlich sind. Soweit nur unser Privatrecht in Frage kommt, wird dies Verhältnis von Malthus etwas brutal, aber sehr richtig in folgender Stelle ausgedrückt, welche gerade durch ihre Aufrichtigkeit eine gewisse Berühmtheit erlangt hat.

„Wer in einer bereits in Besitz genommenen Welt geboren wird, hat, wenn er die Mittel der Existenz weder von seinen dazu verpflichteten Verwandten erlangen noch durch Arbeit finden kann, durchaus kein Recht auf Ernährung; thatsächlich

ist er überflüssig auf der Welt. An dem grossen Bankett der
Natur ist für ihn kein Couvert aufgelegt. Die Natur befiehlt
ihm, sich zu entfernen, und sie säumt auch nicht, diesen ihren
Befehl zu vollziehen."[1] Was Malthus hier von der Ernährung
sagt, gilt auch von der Befriedigung aller anderen Bedürfnisse.

Allerdings wird diesem Mangel des Privatrechts durch
ein öffentlich-rechtliches Institut: die Armenversorgung, bis zu
einem gewissen Grad abgeholfen, doch hat eine lange Erfahrung die Unzulänglichkeit dieses Hilfsmittels bewiesen.
Erst in der neuesten Zeit ist Deutschland und Oesterreich
damit beschäftigt, durch eine umfassende Gesetzgebung über
die Kranken-, Unfall-, Invaliditäts- und Altersversicherung den
Gedanken, dass jedes Mitglied der Gesellschaft auf die Befriedigung seiner Existenzbedürfnisse einen rechtlichen Anspruch besitze, wenigstens teilweise zu verwirklichen. Hiervon
wird im weiteren Verlaufe dieser Darstellung (§. 14) noch die
Rede sein.

In durchgreifendem Gegensatz zu unserem heutigen Privatrecht steht nun in allen dargestellten Beziehungen das socialistische Rechtssystem. Alle socialistischen Vermögensrechte,
wie sehr auch die Ansichten der verschiedenen Schulen ab-
weichen mögen, verfolgen doch immer den Zweck, entweder
den arbeitenden Klassen den vollen Ertrag ihrer Arbeit zu
gewährleisten oder aber die Bedürfnisse des Einzelnen mit den

---

[1] A man who is born into a world already possessed, if he cannot
get subsistence from his parents on whom he has a just demand, and
if the society do not want his labour, has no claim of right to the
smallest portion of food, and, in fact, has no business to be where he
is. At nature's mighty feast there is no vacant cover for him. She
tells him to be gone, and will quickly execute her own orders . . . .
Malthus, An essay on the principle of population, 2. Ausgabe in 4°,
1803, S. 531. In der 3. Auflage vom Jahre 1806 (Bd. 2, S. 383) und in
den späteren Ausgaben des Essay on the principle of population wurde
diese berühmte Stelle, welche in der socialistischen Litteratur so oft
erwähnt wird, von Malthus wieder weggelassen.

vorhandenen Befriedigungsmitteln in einen richtigen Zusammenhang zu bringen. An die Stelle unserer auf Machtverhältnissen beruhenden Güterverteilung soll eben ein von wirtschaftlichen Zwecken beherrschtes Vermögensrecht treten.

Freilich ist klar, dass kein socialistisches Vermögensrecht, wie utopisch auch dessen Voraussetzungen sein mögen, jene beiden fundamentalen Zwecke zu gleicher Zeit vollständig zu erreichen vermag, weil sich eben Arbeit und Bedürfnis in keiner Gesellschaftsverfassung vollständig decken werden. Will man den Gedanken, dass dem Arbeiter der volle Arbeitsertrag gebührt, konsequent durchführen, so werden einer solchen Absicht die zahlreichen Arbeitsunfähigen (Kinder, Greise, Kranke u. s. f.) entgegenstehen, welche zur Befriedigung ihrer Bedürfnisse ein arbeitsloses Einkommen beziehen müssen. Umgekehrt ist es höchst bedenklich, lediglich die Bedürfnisse der Einzelnen als Verteilungsmassstab zu nehmen und diesen von der Arbeit, durch welche ja die Befriedigungsmittel geschaffen werden, völlig unabhängig zu machen. Die meisten socialistischen Systeme trachten deshalb jene beiden Grundideen, welche in ihren Konsequenzen zu sehr abweichenden Resultaten führen, in möglichst widerspruchsloser Weise zu kombinieren.

Auf die Erreichung dieser beiden Zwecke ist nun die socialistische Bewegung gerichtet, welche seit dem Ende des vorigen Jahrhunderts die Kulturvölker in immer steigendem Umfange ergriffen hat. So wie man die Ziele, welche die grossen politischen Bewegungen des 17. und 18. Jahrhunderts anstrebten, in gewisse rechtsphilosophische Postulate zusammengefasst hat, die man politische Grundrechte zu nennen pflegt, so kann man auch die letzten Zwecke des Socialismus durch Aufstellung von ökonomischen Grundrechten kurz bezeichnen. Ich weiss sehr wohl, dass man auf die Anerkennung der politischen Grundrechte oft einen übermässigen Wert gelegt hat, der mit ihrer geringen praktischen Wirksamkeit in einem

auffallenden Missverhältnis steht; dennoch ist die Aufstellung
solcher Grundrechte auf dem wissenschaftlichen Gebiete nicht
ohne Nutzen, weil sie die wichtigsten Zwecke der politischen
und socialen Bewegungen mit einem Schlagwort kennzeichnen.

Erkennt man nun den Satz als berechtigt an, dass jedem
Arbeiter der volle Ertrag seiner Arbeit gebührt, so ergiebt
dies das erste ökonomische Grundrecht: das Recht auf den
vollen Arbeitsertrag. Stellt man ferner an die Rechtsordnung das Postulat, dass jedes Bedürfnis nach Massgabe
der vorhandenen Mittel seine Befriedigung finden soll, so ist
damit, wie unten gezeigt werden wird, das zweite ökonomische
Grundrecht: das Recht auf Existenz, anerkannt. Diese
beiden ökonomischen Grundrechte bezeichnen die Grenzen,
innerhalb deren sich jedes konsequente, socialistische oder
kommunistische System bewegen muss. Hierzu kommt noch
als drittes ökonomisches Grundrecht das sogenannte Recht
auf Arbeit, welches nichts als eine eigentümliche Modifikation
des Rechts auf Existenz ist, die als Uebergangsform zur socialistischen Rechtsordnung eine grössere historische Bedeutung
erlangt hat. Ich will diese drei ökonomischen Grundrechte
des Socialismus hier in ihren wesentlichen Momenten darstellen.

a) Das Recht auf den vollen Arbeitsertrag.

Zahlreiche socialistische Systeme vertreten die Ansicht,
dass jedes Mitglied der Gesellschaft einen Anspruch besitzt,
dass ihm von der Rechtsordnung der volle Ertrag seiner Arbeit zugewiesen werde.[2] Ist also ein Sachgut durch die Arbeit einer einzigen Person hervorgebracht worden, so muss
es auch dieser allein angehören. Ist aber das Sachgut durch

---

[2] Vgl. namentlich unten §. 4 (Charles Hall), §. 5 (William
Thompson), §. 8 (Rodbertus). — S. auch Kautsky, Die Verteilung
des Arbeitsertrages im socialistischen Staat in Richter's Jahrbuch für
Socialwissenschaft, 2. Jahrgang, 1881, S. 88—98.

gleichzeitiges oder successives Zusammenwirken mehrerer Personen hervorgebracht worden — was unter der Herrschaft der Arbeitsteilung die weit überwiegende Regel bildet —, so muss jedem Arbeiter von dem Tauschwert der Sache so viel zugewiesen werden, als er demselben durch seine Arbeit zugesetzt hat. Da unter der Herrschaft dieses Verteilungsprincips der Arbeitsertrag an die Arbeiter vollständig verteilt wird, so ist ein arbeitsloses Einkommen (Grundrente und Kapitalgewinn) und dessen rechtliche Voraussetzung: das Privateigentum, unmöglich.

Wie aber soll der Tauschwert einer Sache, an deren Hervorbringung sich mehrere Personen beteiligt haben, unter die Mitwirkenden verteilt werden?

An sich ist es ganz wohl denkbar, dass auch in einer socialistischen Gesellschaftsordnung die historisch überlieferten Preise der Arbeit aufrecht erhalten und nur infolge der Beseitigung des arbeitslosen Einkommens um einen entsprechenden Betrag vermehrt werden. In der That würde auch eine völlig neue Bestimmung der Arbeitspreise, welche von allen historisch überlieferten Verhältnissen absieht und nur auf Grund eines allgemeinen Princips erfolgt, die Gesellschaft fast noch mehr erschüttern als die Einführung der socialistischen Gesellschaftsordnung. Dessenungeachtet schlägt Rodbertus, einer der Hauptvertreter des Rechtes auf den vollen Arbeitsertrag, vor, dass an die Stelle unseres Metallgeldes die Arbeitsstunde treten soll, und dass jedem Arbeiter, welcher an der Hervorbringung einer Sache mitgewirkt hat, von deren Tauschwert so viel Arbeitsstunden zuzuweisen sind, als ein durchschnittlicher Arbeiter zu der auf die Sache verwendeten Arbeitsleistung bedarf. Dieses Verteilungsprincip setzt also die Gleichstellung der Arbeitsstunden oder wenigstens der Arbeitstage aller Arbeiter voraus, soweit in denselben die durchschnittliche Arbeitsleistung wirklich erzielt worden ist.[3]

[3] Vgl. unten §§. 8 u. 13.

b) Das Recht auf Existenz.

Zahlreiche socialistische Systeme erkennen nicht die Arbeit, sondern das Bedürfnis als den grundlegenden Verteilungsmassstab an.[1] Als unmittelbare Konsequenz dieser Auffassung ergiebt sich das Verteilungsprincip, dass jede Sache demjenigen gehören soll, der ihrer am dringendsten bedarf. Dessenungeachtet haben nur wenige Socialisten diese Folgerung wirklich gezogen, darunter Godwin, dessen Ansichten unten (§. 3) im Zusammenhange dargestellt werden sollen. Auch lässt sich nicht verkennen, dass die Bedürfnisse des Einzelnen viel zu unbestimmt, subjektiv und veränderlich sind, um daran die wichtigste aller Rechtsfolgen: die Verteilung der Güter, knüpfen zu können. Nur in kleinen, durch die engsten Bande der Zuneigung verknüpften Gemeinschaften (z. B. in der Familie) lässt sich jenes Verteilungsprincip wirklich durchführen.

Diese Verteilung nach Massgabe der Bedürfnisse und der vorhandenen Mittel ist immer zu verstehen, wenn so zahlreiche Kommunisten von einer gleichen Verteilung der Güter im kommunistischen Staate sprechen. Denn eine wirklich gleiche Verteilung der Produktions- oder der Genussmittel kann bei der ungeheuren Verschiedenheit, welche in den Bedürfnissen des Einzelnen durch Alter, Geschlecht und individuelle Beschaffenheit hervorgebracht wird, von Niemand im Ernste angestrebt werden.

[1] Vgl. z. B. Morelly, Naufrage des isles flottantes ou Basiliade Bd. 1, 1753, S. 2—7; Brissot, Sur la propriété et sur le vol, 1780, Sect. 2; Cabet, Voyage en Icarie, 5. Aufl., 1848, auf dem Titelblatt: A chacun suivant ses besoins, de chacun suivant ses forces; Louis Blanc in Nouveau Monde vom 15. Juli 1850, S. 4 (Questions d'aujourdhui et de demain Bd. 3, 1880, S. 225): De chacun selon ses facultés, à chacun selon ses besoins u. a. m. Vgl. Schramm in der „Zukunft", 1878, S. 497—507.

Unter den Bedürfnissen ragen durch ihre praktische Wichtigkeit jene hervor, von deren Befriedigung die Erhaltung der Existenz des Einzelnen abhängt und die man deshalb Existenzbedürfnisse nennen kann.[5] Sie haben einen allgemeinen, mehr objektiven Charakter und können deshalb allerdings als Verteilungsmassstab dienen, wenngleich nicht zu verkennen ist, dass deren Umfang nach Zeit und Ort ein verschiedener sein wird. Die Existenzbedürfnisse sind nun die Grundlage des Rechtes auf Existenz, welches in den socialistischen Systemen aller Zeiten eine so grosse Rolle spielt. Man kann dieses Recht so bestimmen, dass jedes Mitglied der Gesellschaft einen Anspruch hat, dass ihm die zur Erhaltung seiner Existenz notwendigen Sachen und Dienstleistungen zugewiesen werden, bevor minder dringende Bedürfnisse Anderer befriedigt werden.

Das Recht auf Existenz hat in den socialistischen Systemen und in den praktischen Versuchen, welche man mit der kommunistischen Gesellschaftsordnung bisher gemacht hat, nach dem Lebensalter des Berechtigten einen verschiedenen Inhalt. Bei den Unmündigen geht es auf Erhaltung und Erziehung; bei den Erwachsenen geht es auf blosse Erhaltung, wogegen der Berechtigte zu entsprechender Arbeitsleistung verpflichtet ist; bei Personen, welche wegen Alters, Krankheit oder anderer Gebrechen arbeitsunfähig sind, geht es auf Versorgung.[6] In einer konsequent durchgeführten socialistischen Ordnung würde sich das Recht auf Existenz direkt gegen die

[5] Vgl. darüber die Ausführungen in Carl Menger, Grundsätze der Volkswirtschaftslehre 1871, S. 88 ff.

[6] Ueber die Gestaltung des Rechts auf Existenz in den amerikanischen Socialistengemeinden vgl. unten §. 13. Note 7—9. Morelly im Code de la nature (1755) definiert das Recht auf Existenz folgendermassen: Tout citoyen sera homme public, sustenté entretenu et occupé aux dépens du public (S. 152 der Ausgabe des Code de la nature von Villegardelle aus dem Jahre 1841). Vgl. auch das englische Armengesetz vom Jahre 1601 unten Note 8.

wirtschaftende Gemeinschaft richten und für den Berechtigten die Vermögensrechte unseres heutigen Privatrechts ersetzen.

Während eine konsequente Durchführung des Rechtes auf den vollen Arbeitsertrag jedes arbeitslose Einkommen und damit auch das Privateigentum unmöglich macht, lässt sich die Fortdauer der privatrechtlichen Ordnung neben dem Recht auf Existenz recht wohl denken. Die Ansprüche aller Staatsbürger auf Befriedigung ihrer Existenzbedürfnisse sind in diesem Falle gleichsam als eine Hypothek zu betrachten, welche auf dem Nationaleinkommen ruht und die berichtigt werden muss, bevor einzelnen begünstigten Personen ein arbeitsloses Einkommen gewährt werden kann. In der That wird sich im weiteren Verlaufe dieser Darstellung (§. 14) ergeben, dass die socialen Bestrebungen unserer Zeit darauf gerichtet sind, einerseits das Recht auf Existenz in gewissem Umfang zu verwirklichen und andererseits das Gebäude unserer privatrechtlichen Rechtsordnung aufrecht zu erhalten. Eine vollständige Durchführung des Rechtes auf Existenz würde allerdings von dem arbeitslosen Einkommen, welches heute den Grund- und Kapitaleigentümern kraft ihres Besitzes zufällt, einen so bedeutenden Teil in Anspruch nehmen und das Privateigentum seines wirtschaftlichen Nutzens so sehr entkleiden, dass dieses sich bald in Kollektiveigentum verwandeln müsste.

Ebenso wie mit dem Privateigentum ist das Recht auf Existenz auch mit dem Recht auf den vollen Arbeitsertrag vereinbar, wie denn dieses letztere überhaupt das socialistische Gegenstück des Privateigentums bildet. Auch in einer Rechtsordnung, welche das arbeitslose Einkommen vollständig beseitigt hat, könnte man jeden Staatsbürger verpflichten, täglich eine bestimmte Zahl von Stunden zur Deckung seiner Existenzbedürfnisse zu arbeiten, während der volle Ertrag der übrigen Arbeitsstunden innerhalb gewisser Schranken seiner freien Verfügung überlassen wäre. Diese Kombination der Rechte auf Existenz und auf den vollen Arbeitsertrag, welche Selbstsucht

und Gemeinsinn, Freiheit und Zwang vereinigt, wäre namentlich
für die Uebergangszeit zu empfehlen, wo die socialistischen
Institutionen innerhalb der individualistisch erzogenen Volksmassen zu wirken hätten.

c) Das Recht auf Arbeit.

Zwischen dem heutigen Privatrecht und der Güterverteilung
nach dem Arbeitsertrag oder dem Bedürfnis, welche die letzten
Zielpunkte bezeichnen, denen die socialistische Bewegung ent-
gegenstrebt, sind unendlich zahlreiche Vermittelungen denkbar.
Eine dieser Vermittelungen ist das sogenannte Recht auf
Arbeit, welches durch die Ereignisse des Jahres 1848 und
neuerdings durch eine im deutschen Reichstag abgegebene
Aeusserung des Fürsten Bismarck [7] eine grössere historische

---

[7] In der Sitzung des deutschen Reichstages vom 9. Mai 1884 bei
der Beratung über die Verlängerung der Gültigkeitsdauer des Gesetzes
gegen die gemeingefährlichen Bestrebungen der Socialdemokratie vom
21. Oktober 1878 gab der Reichskanzler Fürst Bismarck folgende Erklärung ab: „Ich will mich nun dahin resümieren, geben Sie dem
Arbeiter das Recht auf Arbeit, solange er gesund ist, geben
Sie ihm Arbeit, solange er gesund ist, sichern Sie ihm Pflege,
wenn er krank ist, sichern Sie ihm Versorgung, wenn er alt
ist — wenn Sie das thun und die Opfer nicht scheuen und nicht über
Staatssocialismus schreien, sobald Jemand das Wort ‚Altersversorgung‘
ausspricht, wenn der Staat etwas mehr christliche Fürsorge für den
Arbeiter zeigt, dann glaube ich, dass die Herren vom Wydener Programm ihre Lockpfeife vergebens blasen werden, dass der Zulauf zu
ihnen sich sehr vermindern wird, sobald die Arbeiter sehen, dass es
der Regierung und den gesetzgebenden Körperschaften mit
der Sorge für ihr Wohl ernst ist.“ (Stenographische Berichte über die
Verhandlungen des Reichstags, Session 1884, Bd. 1, S. 481.) — Im
weiteren Verlaufe derselben Sitzung antwortete Fürst Bismarck auf
eine Rede des Abgeordneten Eugen Richter folgendermassen: ‚Ich will
zunächst die wichtigste Frage beantworten, die er (der Abg. Richter)
überhaupt berührt hat, das Recht auf Arbeit. Ja, ich erkenne ein
Recht auf Arbeit unbedingt an und stehe dafür ein, solange ich auf

Bedeutung erlangt hat. Es ist eine Abart des Rechtes auf
Existenz, welche auf unsere gegenwärtige Privatrechtsordnung
gepfropft werden soll.

Der Gedanke, welcher dem Recht auf Arbeit zu Grunde
liegt, scheint durch einige fundamentale Bestimmungen über
die staatliche Armenpflege, welche in verschiedenen Gesetzgebungen fast gleichlautend vorkommen, angeregt worden
zu sein. Das englische Armengesetz vom Jahre 1601,[*] die

diesem Platze sein werde. Ich befinde mich dabei nicht auf dem Boden
des Socialismus, der erst mit dem Ministerium Bismarck seinen Anfang
genommen haben soll, sondern auf dem Boden des preussischen Landrechts (folgt ein Citat des preuss. L.-R. II, Tit. 19, §. 1 u. 2, welche
Paragraphen unten in der Note 10 abgedruckt sind; nach Verlesung des
§. 1 ertönen Zwischenrufe „Armenpflege"). Nun, meine Herren, wo ist
denn Ihr unartikulierter höhnischer Zuruf, den Sie vorhin machten?
Ist nicht das Recht auf Arbeit zur Zeit der Publikation des Landrechts
offen proklamiert? Ist es nicht in unseren ganzen sittlichen Verhältnissen begründet, dass der Mann, der vor seine Mitbürger tritt und
sagt: ich bin gesund, arbeitslustig, finde aber keine Arbeit — berechtigt
ist zu sagen: gebt mir Arbeit! und dass der Staat verpflichtet ist, ihm
Arbeit zu geben!? Der Herr Vorredner hat gesagt, der Staat werde
grosse Unternehmungen machen müssen. Ja, das hat er schon gethan
in Zeiten der Not, wie 1848, wo infolge des Ueberschäumens der fort-
schrittlichen Bewegung die Arbeitslosigkeit und der Geldmangel gross
waren. Wer erinnert sich nicht noch der Rehberger mit ihrer roten
Hahnfeder und ihren langen Stiefeln? Da hat der Staat es für seine
Pflicht gehalten, diesen Leuten — es waren zum grossen Teil Bummler,
aber auch ehrliche Leute darunter, die in der That nicht wussten, wovon sie leben sollten — Arbeit zu verschaffen. Wenn ähnliche Notstände
eintreten, so, glaube ich, ist der Staat noch heute verpflichtet, und der
Staat hat so weitreichende Aufgaben, dass er dieser seiner Verpflichtung,
arbeitslosen Bürgern, die Arbeit nicht finden können, solche zu verschaffen, wohl nachkommen kann. Er lässt Aufgaben ausführen, die
sonst aus finanziellen Bedenklichkeiten vielleicht nicht ausgeführt werden
würden; ich will sagen, grosse Kanalbauten, oder was dem analog ist.
Es giebt ja eine Menge ausserordentlich nützlicher Einrichtungen anderer
Art." (Stenographische Berichte a. a. O., S. 500.)

[*] Act for the relief of the poor: 43 Elisabeth c. 2, 1601, sect. 1:

französischen Verfassungen vom Jahre 1791 und 1793[9] und das preussische Landrecht vom 5. Februar 1794[10] setzen übereinstimmend fest, dass der Staat oder die staatlichen Verbände (Gemeinde, Kirchspiel u. s. f.) die Verpflichtung haben, die Armen entweder zu unterstützen oder ihnen Arbeit zu verschaffen. Dennoch ist das Recht auf Arbeit von dem Recht auf Unterstützung, auch wenn diese durch Verschaffung von

They (die Armenaufseher) shall take order from time to time . . . for setting to work the childrens of all such whose parents shall not . . . be thought able to keep and maintain their children; and also for setting to work all such persons, married or unmarried, having no means to maintain them, use no ordinary and daily trade of life to get their living by; and also to raise weekly or otherwise . . . in the said parish in such competent sum and sums of money as they shall think fit, a convenient stock, of flax, hemp, wool, thread, iron and other necessaries ware and stuff to set the poor on work and also competent sums of money for and towards the necessary relief of the lame, impotent, old, blind and such other among them, being poor and not able to work, and also for the putting out of such children to be apprentices, to be gathered out of the same parish, according to the ability of the same parish. Vgl. Aschrott, Das englische Armenwesen 1886, S. 10 ff.

[9] Constitution de la république française vom 24. Juni 1793: Déclaration des droits de l'homme et du citoyen, art. 21: Les secours publics sont une dette sacrée. La société doit la subsistance aux citoyens malheureux, soit en leur procurant du travail, soit en assurant les moyens d'exister à ceux qui sont hors d'état de travailler. Vgl. auch die französische Konstitution vom 3. Sept. 1791, Tit. 1.

[10] Preussisches Landrecht, Teil II, Tit. 19, §. 1, 2: Dem Staate kommt es zu, für die Ernährung und Verpflegung derjenigen Bürger zu sorgen, die sich ihren Unterhalt nicht selbst verschaffen und denselben auch nicht von anderen Personen, welche nach besonderen Gesetzen dazu verpflichtet sind, erhalten können. — Denjenigen, welchen es nur an Mitteln und Gelegenheit, ihren und der Ihrigen Unterhalt zu verdienen, mangelt, sollen Arbeiten, die ihren Kräften und Fähigkeiten angemessen sind, angewiesen werden. — Diese Bestimmungen, welche nach ihrem Wortlaut sehr weit gehen, haben in Wirklichkeit nur die Armenunterstützung im Auge.

Arbeit gewährt wird, wohl zu unterscheiden. Denn das Recht
auf Arbeit hat im Sinne der socialistischen Auffassung den
Charakter einer vermögensrechtlichen Verbindlichkeit, der auf
Seite des Staates durchaus keine Liberalität zu Grunde liegt,
seine Ausübung setzt deshalb auch nicht Dürftigkeit des Berechtigten voraus, und die Erfüllung dieses Anspruches darf
nicht wie die Armenunterstützung unter verletzenden Formen
stattfinden. [11]

Ebenso muss das Recht auf Arbeit von dem Rechte, sich
mit grösserer oder geringerer Aussicht auf Erfolg Arbeit zu
suchen, scharf geschieden werden. In dem berühmten Edikt
vom 12. März 1776, welches die Einführung der Gewerbe-
freiheit in Frankreich versuchte, spricht Ludwig XVI. oder
richtiger Turgot von einem „Recht zu arbeiten", welches durch
das Zunftsystem in seiner freien Ausübung nicht beeinträchtigt
werden dürfe. [12] Umgekehrt pflegen die Anhänger der Zünfte

[11] Die Diskussion über das Recht auf Arbeit, welche die französische Nationalversammlung am 12.- -16. September und am 2. November
1848 beschäftigte, drehte sich namentlich um die Frage, ob nur das
Recht auf Unterstützung, oder auch das Recht auf Arbeit anerkannt
werden solle. Thiers sprach sich für das erstere, aber gegen das letztere
aus (Girardin, Le droit au travail au Luxembourg et à l'assemblée
nationale, 1849, Bd. 2, S. 231 ff.), und thatsächlich hat auch die Verfassung vom 4. November 1848, ähnlich wie die Constitution von 1793,
nur das Recht auf Unterstützung (droit à l'assistance) gewährleistet. Es
ist deshalb gewiss unrichtig, wenn einzelne Schriftsteller, z. B. Joseph
Garnier, Le droit au travail à l'assemblée nationale, 1848, S. 385,
beide Rechte identifizieren wollen.

[12] Französisches Edikt aus dem Febr. 1776 im Recueil général
des anciennes lois françaises von Jourdan, Decrusy und Isambert
Bd. 23, S. 370 ff. (vgl. das Lit de justice zur Registrierung dieses Gesetzes vom 12. März 1776 a. a. O. S. 398 ff.): Dieu en donnant à l'homme
des besoins, en lui rendant nécessaire la ressource du travail, a fait du
droit de travailler la propriété de tout homme et cette propriété est
la première, la plus sacrée et la plus imprescriptible de toutes. Vgl.
auch den Recueil a. a. O. S. 374, 375.

vielfach das Recht des Zunftmitgliedes, innerhalb seines Berufszweiges mit Ausschluss aller Anderen arbeiten zu können, als
Recht auf Arbeit zu bezeichnen. [13] Beides ist gleich irrig:
durch das Recht auf Arbeit wird den Staatsbürgern nicht die
Befugnis Arbeit zu suchen, sondern Arbeit zu finden gewährleistet.

Der richtige Begriff des Rechts auf Arbeit, soweit sich aus
der schwankenden und unklaren Theorie und Praxis überhaupt
ein sicheres Resultat gewinnen lässt, ist vielmehr folgender:
Kraft des Rechts auf Arbeit kann jeder arbeitsfähige Staatsbürger, der bei einem Privatunternehmer keine Arbeit findet,
von dem Staate oder den staatlichen Verbänden (Bezirk, Gemeinde) verlangen, dass ihm die gewöhnliche Taglöhnerarbeit
gegen Zahlung des üblichen Taglohns zugewiesen werde.

Das Recht auf Arbeit unterscheidet sich also von dem
Recht auf den vollen Arbeitsertrag dadurch, dass der Berechtigte eben nur den Lohn (nicht den vollen Arbeitsertrag) verlangen kann und dass ihm die Produktionsmittel nur zum
Zweck der Produktion für Rechnung des Staates überlassen
werden. Mit Unrecht haben deshalb mehrere Redner der französischen Nationalversammlung während der Diskussion über
das Recht auf Arbeit (Note 11) angenommen, dass das Recht
auf Arbeit zugleich auch das Recht auf das Kapital in sich
schliesst. [14] Im Gegenteile: Das Recht auf Arbeit hat lediglich
einen unser heutiges Vermögensrecht ergänzenden Charakter
und es setzt die Existenz des individuellen Grund- und Kapitaleigentums geradezu voraus.

Durch diese Subsidiarität unterscheidet sich auch das
Recht auf Arbeit vorzüglich von dem Recht auf Existenz.

---

[13] Vgl. z. B. Marlo, Untersuchungen über die Organisation der
Arbeit Bd. 2. 2. Aufl., 1884, S. 314 u. A.

[14] Vgl. Émile de Girardin, Le droit au travail au Luxembourg
et à l'assemblée nationale Bd. 2, 1849, S. 139, 321 (Reden von Barthe
und Dufaure).

Dieses richtet sich unmittelbar gegen den Staat oder die staatlichen Verbände; der Berechtigte kann gegen Leistung der Arbeit von diesen direkt Befriedigung der Existenzbedürfnisse verlangen. Das Recht auf Arbeit kann dagegen so lange nicht ausgeübt werden, bis feststeht, dass der Berechtigte von einem Privatunternehmer Arbeit nicht erlangen konnte. Ueberdies bezieht sich das Recht auf Existenz auch auf die Unmündigen und Arbeitsunfähigen, während das Recht auf Arbeit nur den arbeitsfähigen Staatsbürgern zusteht.

Wie weit diese Begriffsbestimmung richtig ist, mag sich aus der folgenden Darstellung der historischen Entwickelung des Rechtes auf Arbeit ergeben.

Das Recht auf Arbeit in seiner heutigen Bedeutung ist unter den Socialisten zuerst von Fourier vertreten worden, dem die Ausführungen Fichte's (§. 2). welche manche Analogien bieten, anscheinend unbekannt geblieben sind. Fourier[15] führt in seinem umfassendsten Werk: dem Traité de l'Association domestique-agricole, eine heftige Polemik gegen die Theorie von den angeborenen Menschenrechten (droits de l'homme) in der bloss politischen Bedeutung, welche die französische Revolution und der parlamentarische Doktrinarismus der Restaurationszeit diesem Begriff gegeben hatten; er zeigt, welchen geringen Wert die politischen Doktrinen von der Volkssouveränität, von der Freiheit, Gleichheit und Brüderlichkeit, obgleich in Kriegen und Revolutionen so viel Blut für dieselben vergossen worden sei, für die Interessen der leidenden Volksmassen besitzen.

Diesen politischen Grundrechten setzt nun Fourier ökonomische Grundrechte entgegen. Im Naturzustande habe der

---

[15] Fourier, Traité de l'association domestique-agricole Bd. 1, 1822, S. 116—143; in den Oeuvres complètes Bd. 3, 1841, S. 151—187. Das Droit au travail wird übrigens von Fourier schon in seiner ersten Schrift: Théorie des quatre mouvements et des destinées générales 1808, S. 270 (Oeuvres complètes Bd. 1, 3. Aufl., 1846, S. 193) erwähnt.

Wilde das Recht. überall nach seinem Ermessen zu jagen. zu fischen, Früchte zu sammeln und sein Vieh zu weiden.[16] In einem socialen Zustand, wo die Natur bereits occupiert ist, lasse sich freilich die Ausübung dieser vier ökonomischen Grundrechte nicht denken, dagegen müsse an die Stelle derselben ein Aequivalent treten. Dieses Aequivalent nennt Fourier in der obenangeführten Schrift bald Recht auf Arbeit,[17] bald Recht auf ein Existenzminimum,[18] ohne sich des Unterschiedes zwischen den Rechten auf Arbeit und auf Existenz bewusst zu werden.[19] Doch kann dieses Aequivalent nach der Ansicht Fourier's noch nicht in dem jetzigen Zustand. sondern erst nach Einführung der von ihm vorgeschlagenen Gesellschaftsordnung gewährt werden.[20]

Diese Gedanken Fourier's wurden von seiner Schule in zahlreichen Aufsätzen und Schriften näher ausgeführt.[21] Ich

---

[16] Mit jener Bizarrerie, die sich bei Fourier so häufig mit den tiefsten Gedanken verbindet, rechnet er ferner zu den natürlichen Rechten des Menschen im Naturzustande auch das Recht. sich in Horden zu sammeln, ausserhalb seiner Horde zu stehlen und sorglos in den Tag zu leben (Fourier, Traité de l'association Bd. 1, 1822, S. 126—129). Considérant in seiner Broschüre über das Recht auf Arbeit (Note 22) hat selbstverständlich diese angeblichen „Rechte" nicht adoptiert, sondern kennt nur das Droit de chasse, de pêche, de cueillette et de pâture.

[17] Fourier, Traité S. 137. 143.

[18] Fourier a. a. O. S. 126, 135. In seinem Hauptwerk (Le Nouveau Monde industriel et sociétaire, 1829) spricht er, soviel ich sehe, immer nur von dem Existenzminimum. Vgl. Nouveau Monde S. 4. 12, 38. 42, 74, 185, 328, 333, 373, 420, 430.

[19] Fourier beschreibt das Droit au travail im Traité Bd. 1, S. 138, indem er ein armes Mitglied eines Phalansteriums zu seinen Genossen so reden lässt: Je suis né sur cette terre; je réclame l'admission à tous les travaux qui s'y exercent, la garantie du fruit de mon labeur; je réclame l'avance des instruments nécessaires à exercer ce travail, et de la subsistance en compensation du droit de vol (Note 16) que m'a donné la simple nature.

[20] Fourier a. a. O. S. 135, 143 Note.

[21] Vgl. den Artikel von Paget in der „Phalange" vom 20. Oktober

erwähne hier namentlich die Broschüre Considérant's über das Recht auf Arbeit, welche sich von allen Ueberschwenglichkeiten freihält und dadurch auf die Ereignisse des Jahres 1848 einen bedeutenden Einfluss ausgeübt hat.[22]

Considérant weicht namentlich dadurch von seinem Meister ab, dass er mit der Anerkennung des Rechts auf Arbeit nicht bis zur Einführung der fourieristischen Gesellschaftsordnung warten will, sondern dieselbe als eine unentbehrliche Ergänzung unseres heutigen Zustandes und als das einzige Mittel zur Aufrechterhaltung des Privateigentums ansieht.[23] Er nimmt an, dass dem Menschengeschlecht einerseits der gemeinsame Niessbrauch an der Erde in ihrer ursprünglichen Gestalt (dem Capital primitif) zustehe, dass aber andrerseits das, was durch die Arbeit der Menschen geschaffen worden sei, also die Verbesserungen von Grund und Boden und die Kapitalien (das Capital créé) sich infolge eines unanfechtbaren Rechtstitels in dem Privateigentum der Produzenten und ihrer Rechtsnachfolger befinden.[24] Kraft jenes Rechts auf Mitbenützung des gemeinsamen Naturfonds konnte der Mensch im Naturzustand die vier ökonomischen Urrechte (Note 16) ausüben, nämlich jagen, fischen, Früchte sammeln und sein Vieh auf die Weide treiben; in unserem Zustande, so folgert Considérant im Anschluss an Fourier, muss an die Stelle dieses Mitbenützungsrechtes ein Acquivalent: das Recht auf

1836, S. 337 (Droit au travail); — Considérant in der „Phalange" vom 1. November 1836, S. 379. 380; — Cantagrel. Du droit au travail et de son organisation pratique in der „Phalange", revue de la science sociale Bd. 2, 1845, S. 261—291, Bd. 5, 1847, S. 152—189 u. A.

[22] Vgl. Considérant, Théorie du droit de propriété et du droit au travail. 3. Aufl. Paris 1848 (zuerst als Aufsatz in der „Phalange" vom 1. Juni 1839, S. 584 ff. erschienen). Eine deutsche Bearbeitung dieser Schrift giebt Franz Stromeyer. Organisation der Arbeit, 1844, S. 75—104.

[23] Considérant a. a. O. S. 23 ff.

[24] Considérant a. a. O. S. 17 ff.

Arbeit treten.[25] Den Inhalt dieses Rechts bestimmt Considérant sehr unjuristisch dahin, dass dem Proletarier, welcher
dasselbe ausübt, als Entgelt für seine Arbeit wenigstens so viel
Existenzmittel gewährt werden müssen, als er im Naturzustand
sich bei Ausübung jener vier ökonomischen Urrechte hätte
verschaffen können.[26]

Die Broschüre Considérant's, ein Muster von Kürze
und Klarheit, hatte einen grossen Erfolg; neben dem Schlagwort: Organisation der Arbeit, welches Louis Blanc den
Saint-Simonisten entlehnt und in seiner bekannten Schrift
verbreitet hatte, wird man in den socialistischen Zeitschriften
und Broschüren der vierziger Jahre kaum eine so häufig be-
handelte Frage als das Recht auf Arbeit finden. Als daher
das Pariser Proletariat nach der Februarrevolution für einen
Augenblick der bestimmende Faktor wurde, erzwang es sofort von der provisorischen Regierung die Proklamation vom
25. Februar 1848, welche die Anerkennung des Rechts auf
Arbeit aussprach und die später auch in die französische Ge-
setzsammlung aufgenommen wurde.[27] Der wesentliche Inhalt
dieser Proklamation, welche unter dem unmittelbaren Druck
erregter Volksmassen entstand[28] und die deshalb sehr mangelhaft abgefasst ist, geht dahin, dass die provisorische Regierung der französischen Republik die Existenz des Arbeiters

---

[25] Considérant a. a. O. S. 15 ff.

[26] Considérant a. a. O. S. 24. La condition sine quâ non pour
la légitimité-de la propriété est donc que la société reconnaisse au
prolétaire le *droit au travail* et qu'elle lui *assure* au moins autant de
moyens de subsistance pour un exercice d'activité donné, que cet exercice
eût pu lui en procurer dans l'état primitif.

[27] S. Carrey, Recueil complet des actes du gouvernement provisoire Bd. 1. 1848. Nr. 19. Die Proklamation ist abgedruckt im Bulletin
des lois vom 29. Februar 1848, Nr. 18.

[28] Vgl. die Darstellung der Entstehungsgeschichte dieses Dekrets
von dem Verfasser desselben: Louis Blanc, in seiner Histoire de la Révolution de 1848, Bd. 1, ch. 7.

durch die Arbeit hiermit gewährleiste, und dass sie sich ver-
pflichte, allen Bürgern Arbeit zu garantieren.[29]

Um das Recht auf Arbeit praktisch durchzuführen, verfügte ein Dekret der provisorischen Regierung vom 26. Februar 1848[30] die Errichtung von Nationalwerkstätten in Frankreich, und diese Verfügung wurde mittelst des Dekrets vom
27. April 1848[31] auch auf die französischen Kolonien aus-
gedehnt; doch erfolgte die wirkliche Einführung der Nationalwerkstätten nur in Paris und seiner Umgebung.[32] Der Direktor
der Pariser Nationalwerkstätten, Emil Thomas, welcher eine
Geschichte dieser Institution geschrieben hat, erzählt selbst,
dass die Errichtung der Nationalwerkstätten nicht ein ernst
gemeinter Versuch war, dass ihm von der Regierung niemals
genügende Arbeiten zur Beschäftigung der in den Nationalwerkstätten aufgenommenen Arbeiter zugewiesen wurden und

---

[29] Der Text dieser berühmten Proklamation, durch welche zum
ersten Male ein ökonomisches Grundrecht im Interesse des Proletariats
anerkannt wurde, lautet folgendermassen:

Proclamation par laquelle le Gouvernement provisoire s'engage
à fournir du travail à tous les citoyens.

Paris, 25 février 1848.

République française.

Le Gouvernement provisoire de la République française
S'engage à garantir l'existence de l'ouvrier par le travail;

Il s'engage à garantir du travail à tous les citoyens;

Il reconnaît que les ouvriers doivent s'associer entre eux pour jouir
du bénéfice (légitime) de leur travail;

. Le gouvernement provisoire rend aux ouvriers auxquels ils appar-
tient, le million qui va échoir de la liste civile.

[30] Carrey Bd. 1, Nr. 30 (Bulletin des lois vom 29. Februar
1848, Nr. 24).

[31] Carrey Bd. 1, Nr. 290 (Bulletin des lois vom 4. Mai 1848,
Nr. 305).

[32] Arrêté du ministre des travaux publics portant organisation
des ateliers nationaux ordonnés par le décret du 27 février 1848 vom
7. März 1848 Art. 1. (Carrey Bd. 2. Nr. 78.)

dass die ganze Einrichtung in den Augen der Regierung nur den Zweck hatte, die socialistischen Theorien ad absurdum zu führen.[33]

Das Detail der Einrichtung der Nationalwerkstätten gehört nicht hierher. Nur so viel mag bemerkt werden, dass Thomas dieselben im Sinne der Saint-Simonistischen Doktrinen streng hierarchisch organisierte und dass sie deshalb mehr den Charakter einer Arbeiterarmee als von industriellen Etablissements hatten.[34] Die Zulassung der Arbeiter erfolgte durch die Mairien der Arrondissements ohne nähere Untersuchung der Sachlage, weshalb auch die Zahl der in den Nationalwerkstätten aufgenommenen Arbeiter schon am 19. Mai 1848 auf die enorme Zahl von 87,942 Personen stieg.[35]

Die wichtigste Kontroverse, welche sich während der kurzen Zeit bis zur Abschaffung des Rechts auf Arbeit erhob, betraf die Frage, ob jeder Staatsbürger kraft dieses Rechts nur befugt sei, gewöhnliche Taglöhnerarbeit oder eine seiner Vorbildung entsprechende Beschäftigung zu verlangen. In den Nationalwerkstätten hatte die grosse Masse der Arbeiter, soweit sie überhaupt beschäftigt wurde, ohne Rücksicht auf ihren früheren Beruf Erdarbeiten zu leisten. Doch errichtete Thomas auch einige fachliche Nationalwerkstätten (der Stellmacher, der Schuster und Schneider), welche sehr zufriedenstellende Resultate lieferten.[36] Dennoch war diese Ausdehnung des Rechtes auf Arbeit — und zwar nicht ohne Grund — eines der Hauptargumente, das die Gegner des Socialismus gegen die Anerkennung des Rechts auf Arbeit in der französischen

---

[33] Émile Thomas, Histoire des ateliers nationaux. 1848, S. 142, 144—145, 244. Vgl. unten §. 10 Note 5.

[34] Thomas a. a. O. S. 35, 38 ff.

[35] Thomas a. a. O. S. 29, 378. — Arrêté du ministre des travaux publics vom 7 März 1848, Art. 3.

[36] Thomas a. a. O. S. 177, 234 ff.

Verfassung vorbrachten.[37] Denn wenn der Staat verpflichtet
ist, jeden Arbeiter, der bei keinem Privatunternehmer Arbeit
findet, in seinem Berufe zu beschäftigen,[38] so muss die
wirtschaftliche Thätigkeit des Staates so ungeheure Dimen-
sionen annehmen, dass daneben unsere heutige Privatrechtsordnung auf die Dauer nicht bestehen kann.[39] Will man
daher den heutigen Gesellschaftszustand nicht durch den rein
socialistischen Staat, das Recht auf Arbeit nicht durch das
Recht auf Existenz ersetzen, so kann man in dem Recht auf
Arbeit — der eben gegebenen Begriffsbestimmung gemäss —
nur einen Anspruch auf Gewährung der gewöhnlichen Taglöhnerarbeit gegen Bezahlung des üblichen Taglohns erblicken.[40]

Eine zweite Frage, die sich bei der praktischen Durchführung des Rechts auf Arbeit erhob und die in einer socialistischen Gesellschaftsordnung von grösster Wichtigkeit wäre,
betraf das Subjekt, welches zur Erfüllung der aus jenem
Rechte sich ergebenden Verbindlichkeiten verpflichtet ist.

[37] Vgl. die Rede von Barthe bei Girardin Bd. 2, S. 136 ff.;
von Dufaure, ebenda, S. 321 ff. u. a.

[38] So fasst auch Proudhon in seiner Broschüre: Le droit au
travail et le droit de propriété, das Recht auf Arbeit auf: Le droit au
travail est le droit qu'a chaque citoyen, de quelque métier ou profession
qu'il soit, *d'être occupé dans son industrie*, moyennant un salaire fixé
non pas arbitrairement et au hasard, mais d'après le cours actuel et
normal des salaires. Vgl. Proudhon, Le droit au travail et le droit
de propriété, 1850, S. 13, in den Oeuvres Bd. 7, S. 198. Die ganze
Broschüre ist gegen das Recht auf Arbeit in dieser Bedeutung gerichtet.

[39] Vgl. Léon Faucher bei Joseph Garnier, Le droit au travail
à l'assemblée nationale, 1848, S. 350.

[40] Ebenso Thiers bei Girardin a. a. O. Bd. 2, S. 233, und in
seiner Schrift: De la propriété, 1848, S. 322 ff. Dagegen Louis Blanc,
Le socialisme. Droit au travail, 1848, S. 80, 81, der — von seinem
Standpunkt (unten §. 10) konsequent — das Berufsatelier und das Recht
auf Gewährung von Berufsarbeit verteidigt. Vgl. auch die Definition
Proudhon's in Note 38.

Trifft diese Verpflichtung den Staat, das Departement, die Gemeinde?[41] Die Fonds zur Erhaltung der Nationalwerkstätten wurden allerdings, wenigstens zum überwiegenden Teile, vom Staate geliefert.[42] Dessenungeachtet scheinen sich die Urheber der Institution dieselbe als eine Gemeindeeinrichtung gedacht zu haben, weil zu den Pariser Nationalwerkstätten immer nur diejenigen Arbeiter zugelassen wurden, welche in Paris ihren ordentlichen Wohnsitz hatten. Ursprünglich genügte der Wohnsitz ohne Rücksicht auf seine Dauer;[43] später, als die Auflösung der Nationalwerkstätten bereits beschlossen war (21. Juni 1848), wurde ein Domizil von sechs Monaten verlangt. Mit dieser Auffassung der Nationalwerkstätten als einer Gemeindeinstitution stand es andrerseits im Widerspruch, dass die Regierung in dem am 21. Juni 1848 im Moniteur erschienenen Dekret sich vorbehielt, die Pariser Arbeiter zu Erdbewegungen in den Departements zu verwenden.[44] In der That gab auch vorzüglich diese Bestimmung das Signal zu der furchtbaren Junischlacht (23.—26. Juni 1848), welche mit der völligen Niederlage des Socialismus endete.

Die Niederwerfung der socialistischen Parteien in der Junischlacht wirkte natürlich auch auf die Geltung des Rechts auf Arbeit zurück. Unmittelbar vor der Junischlacht (am 20. Juni 1848) legte Marrast dem Ausschuss der Nationalversammlung, welcher mit der Vorberatung der Verfassung

[41] Vgl. über diesen Punkt die Rede Dufaure's bei Girardin a. a. O. Bd. 2, S. 319.

[42] Vgl. Thomas a. a. O. S. 146; Dekret der provisorischen Regierung vom 24. März 1848 (Bulletin des lois vom 1. April 1848, Nr. 188), durch welches von den Auslagen, welche die Nationalwerkstätten in Belleville verursachten, ein Drittel auf die Staatskasse, ein Drittel auf das Budget der Stadt Paris und nur das letzte Drittel auf jenes von Belleville übernommen wurde.

[43] Dekret vom 7. März 1848 (oben Note 32) Art. 2 u. 3.

[44] Thomas a. a. O. S. 271, 343.

beauftragt war, einen Entwurf vor,[45] in welchem das Recht
auf Arbeit und Unterstützung unter dieselben verfassungs-
mässigen Garantien gestellt wurde wie das Eigentum, und in
dem sich auch schon einige Detailbestimmungen über die praktische Durchführung jenes Rechts fanden.[46] In Folge des
Ausganges der Junischlacht wurde am 29. August 1848 ein
neuer Verfassungsentwurf vorgelegt, in welchem nicht mehr
das Recht auf Arbeit, sondern nur jenes auf Unterstützung[47]
anerkannt war. Mathieu stellte deshalb zu dem Entwurfe
ein Amendement, in welchem das Recht aller Staatsbürger auf
Unterricht, auf Arbeit und auf Unterstützung ausdrücklich
gewährleistet wurde.[48] Dieses Amendement wurde gegen den
Schluss der Diskussion durch einen Antrag Glais-Bizoin's

[45] Der Entwurf ist in den Pariser Journalen vom 21. Juni 1848
(z. B. in Proudhon's Représentant du Peuple, Nr. 81) und in den entscheidenden Stellen bei Garnier a. a. O. S. 2 abgedruckt.

[46] Vgl. Art. 2 des Entwurfes: La constitution garantit à tous les
citoyens: La liberté, l'égalité, la sûreté, *l'instruction, le travail, la
propriété, l'assistance*; — Art. 7. Le droit au travail est celui qu'a
tout homme de vivre en travaillant. — La société doit par les moyens
productifs et généraux dont elle dispose, et qui seront organisés
ultérieurement, *fournir du travail aux hommes valides qui ne peuvent
pas s'en procurer autrement*; — Art. 132. Les garanties essentielles du
droit au travail sont: la liberté même du travail, l'association volontaire,
l'égalité des rapports entre le patron et l'ouvrier, l'enseignement gratuit,
l'éducation professionelle, les institutions de prévoyance et de crédit, et
*l'établissement par l'État de grands travaux d'utilité publique, destinés à
employer, en cas de chômage, les bras inoccupés*.

[47] Art 8 (bei Girardin Bd. 2, S. 1): La République doit *l'assistance
aux citoyens nécessiteux*, soit en leur procurant du travail dans les
limites de ses ressources, soit en donnant, à défaut de famille, les
moyens d'exister à ceux qui sont hors d'état de travailler.

[48] La République reconnait le droit de tous les citoyens à l'instruction, *au travail* et à l'assistance (Girardin a. a. O. Bd. 2, S. 2). An
die Stelle dieses Antrages trat im Lauf der Discussion (s. den Text) das
Amendement Glais Bizoin's, welches die Worte au travail durch le droit
à l'existence par le travail ersetzte.

jedoch nur unwesentlich modifiziert. Die Debatten, welche
über diese Anträge geführt wurden, bilden in Verbindung mit
den Schriften Fourier's und seiner Schule die Hauptquelle für
die Konstruktion des Rechts auf Arbeit. Bei der Abstimmung
wurde das Amendement Glais-Bizoin's mit 596 gegen 187
Stimmen abgelehnt [49] und die Nationalversammlung beharrte
bei diesem Votum, als Felix Pyat am 2. November 1848
bei der zweiten Lesung des Verfassungsentwurfes neuerlich
ein ähnliches Amendement einbrachte. [50] Seither ist der französische Socialismus auf das Recht auf Arbeit nicht mehr
zurückgekommen.

Auch in der Frankfurter Nationalversammlung tauchte bei
der Beratung einer Verfassung für das deutsche Volk das Recht
auf Arbeit auf. Bei der zweiten Beratung der Grundrechte des
deutschen Volkes, welche (Art. VIII, §. 30) [51] in der üblichen
Weise die Unverletzlichkeit des Eigentums proklamieren, stell-
ten Nauwerk [52] und Ludwig Simon [53] Verbesserungsanträge,
welche die Anerkennung des Rechtes auf Arbeit bezweckten.

[49] Vgl. Garnier a. a. O. S. 439.

[50] Garnier a. a. O. S. 429.

[51] Vgl. die Verhandlungen der deutschen Nationalversammlung zu
Frankfurt a. M. (1848 1849) Bd. 2, S. 678.

[52] Zusatzantrag Nauwerk zu §. 30 der Grundrechte (Verhandlungen
der Frankfurter Nationalversammlung Bd. 6. S. 210; vgl. auch ebenda
Bd. 5. S. 178): „Jeder Deutsche hat ein Recht auf Unterhalt. — Dem
„unfreiwillig Arbeitslosen, welchem keine verwandtschaftliche oder ge-
„nossenschaftliche Hilfe wird, muss die Gemeinde, beziehentlich der
„Staat Unterhalt gewähren und zwar, soweit irgend möglich, durch
„Anweisung von Arbeit.“ S. auch das Protokoll der 160. Sitzung vom
8. Februar 1849 (Verhandlungen Bd. 1. S. 706).

[53] In der Sitzung der Nationalversammlung vom 8. Februar 1849
(Verhandlungen Bd. 1, S. 705) stellte Ludwig Simon den Verbesserungs-
antrag: . . . „3) Die Vorsorge für mittellose Arbeitsunfähige ist Pflicht
„der Gemeinden, beziehungsweise des Staates. 4) Den unfreiwillig
„Arbeitslosen muss die Gemeinde, beziehentlich der Staat, Arbeit ge-
„währen.“

Doch wurden dieselben in der Sitzung der Nationalversammlung vom 9. Februar 1849 mit 317 gegen 114 Stimmen abgelehnt, ohne dass eine eingehende Debatte über das Recht
auf Arbeit stattfand, und zwar in der Erwägung, dass die
Vorsorge für arbeitsunfähige Arme einen Gegenstand der
Heimats-, Gemeinde- und Armengesetzgebung bildet.[54] Seither
blieb auch in Deutschland die ganze Frage verschollen; nur
Marlo hat ungefähr um dieselbe Zeit (1850), wie weiter unten
(§. 2) gezeigt werden wird, das Recht auf Arbeit vertreten.
Erst in der neuesten Zeit wird wieder von einigen deutschen
Schriftstellern, darunter Stöpel,[55] Hitze[56] und Hahn,[57] ein
Recht der Staatsbürger auf Arbeit anerkannt. Doch mangelt
diesen Schriftstellern, selbst Stöpel nicht ausgenommen, jeder
Einblick in den Zusammenhang und in die geschichtliche Ent-
wickelung der socialistischen Ideen, zu welchen doch auch das
Recht auf Arbeit gehört, und sie sind deshalb nicht im Stande,
einen klaren Begriff dieses Rechtes zu gewinnen.

Nachdem ich in dem Vorstehenden den Begriff der drei
socialistischen Grundrechte bestimmt habe, soll nunmehr die
allmähliche geschichtliche Entwickelung der Ideen über das
Recht auf den vollen Arbeitsertrag in den socialistischen Sy-

---

[54] Vgl. die Verhandlungen der Nationalversammlung Bd. 1, S. 710,
und den Aufsatz „Die Arbeiterfrage im Frankfurter Parlament" in der
„Neuen Zeit" Bd. 1, 1883, S. 38–46.

[55] Franz Stöpel, Die freie Gesellschaft, 1881, S. 263—299, und:
Sociale Reform, 3. Heft, 1884, Das Recht auf Arbeit, S. 6, 7, 13, 25 ff.
(die beste deutsche Schrift über das Recht auf Arbeit).

[56] Franz Hitze, Kapital und Arbeit und die Reorganisation der
Gesellschaft, 1881, S. 145—196, und dazu v. Hertling, Reden und Aufsätze, 1881, S. 30 ff.

[57] Otto Hahn, Das Recht auf Arbeit, 1885 (ein verworrenes, ganz
wertloses Buch). Ebenso wertlos ist Haun, Das Recht auf Arbeit, 1889,
eine Schrift, deren geschichtliche Angaben — die Citate nicht ausgenommen — zum grossen Teil aus dem vorliegenden Buch ohne Quellenangabe
abgeschrieben sind.

stemen seit der Mitte des vorigen Jahrhunderts dargestellt
werden. Nur diese stehen mit der socialen Bewegung der
Gegenwart in einem ununterbrochenen historischen Zusammenhang, und ich habe deshalb den Socialismus der älteren Zeit,
namentlich die so reichhaltige Utopien-Litteratur, von dieser
Darstellung absichtlich ausgeschlossen. Ebenso konnten auch
aus der hier behandelten Zeitperiode nur jene socialistischen
Systeme Raum finden, deren Mittelpunkt das Recht auf den
vollen Arbeitsertrag bildet, während diejenigen Schriftsteller,
welche vorherrschend das Recht auf Existenz verwirklichen
wollen, in einer späteren Schrift behandelt werden sollen.
Freilich war es nicht leicht, diese Scheidung zu vollziehen,
da die meisten socialistischen Systeme zwischen jenen beiden
fundamentalen Principien eine Vermittlung versuchen, und so
kann ich kaum dem Tadel entgehen, dass ich diese oder jene
Erscheinung willkürlich einer der beiden Gruppen zugewiesen
habe. Namentlich wird in dieser Richtung die Darstellung
der deutschen Rechtsphilosophie (§. 2) Anfechtung erfahren,
da diese, soweit sie überhaupt socialistische Ideen vertritt,
mehr zu der Anerkennung des Rechts auf Existenz hinneigt.
Dennoch hielt ich die Aufnahme dieses Abschnittes für unerlässlich, weil es von Interesse ist, die Stellung der deutschen
Philosophie zu dem Problem der ökonomischen Grundrechte
zu kennzeichnen.

Gar Mancher könnte sich darüber wundern, dass ich eine
Scheidung der socialistischen Systeme nach jenem Gesichts-
punkt überhaupt für notwendig halte, da diese doch ins-
gesamt nur einen wesentlichen Zweck, nämlich die Hebung
der arbeitenden Klassen, anstreben. Aber man darf nicht
vergessen, dass zur Erreichung dieses Zweckes in dem einen
und dem anderen Falle völlig verschiedene Triebfedern der
menschlichen Natur in Bewegung gesetzt werden. Jedes socialistische System, dessen Mittelpunkt das Recht auf den
vollen Arbeitsertrag bildet, beruht auf dem menschlichen

Egoismus, und zwar in einem höheren Grad, als die gegenwärtige Rechtsordnung: denn dort arbeitet Jeder nur für sich selbst, hier aber teils für sich, teils für das arbeitslose Einkommen. Dagegen muss jedes sociale System, dessen letztes Ziel die Anerkennung des Rechtes auf Existenz bildet, auf dem Gefühl der Nächstenliebe und der Brüderlichkeit beruhen. Obgleich also die socialen Systeme der einen und der anderen Gattung zu dem Socialismus in seiner herkömmlichen Bedeutung gerechnet werden, so besteht doch zwischen denselben in ihrem ganzen Wesen ein schroffer Gegensatz, welcher auch eine sorgfältige Trennung in der Darstellung rechtfertigt.

§. 2. Die deutsche Rechtsphilosophie.

Die moderne Rechtsphilosophie unterscheidet zwischen angeborenen oder natürlichen und erworbenen Rechten. Jene stehen jedem Menschen kraft seines Daseins zu, während diese durch Vertrag, Erbschaft oder andere juristische Thatsachen für jeden Einzelnen besonders begründet werden müssen. Das Recht auf den vollen Arbeitsertrag (und ebenso das Recht auf Existenz) könnte selbstverständlich nur unter der ersten Gruppe von Rechten gesucht werden.

Hat nun die rechtsphilosophische Doktrin ein angeborenes Recht jedes Einzelnen auf den vollen Arbeitsertrag oder auf die Existenz anerkannt? Diese Frage ist, wenigstens was die weit überwiegende Anzahl der rechtsphilosophischen Theoretiker anbetrifft, gewiss zu verneinen. Die herrschende Ansicht der rechtsphilosophischen Doktrin geht nämlich dahin, dass jedem Menschen ein ursprüngliches Recht, das sogen. Urrecht eigen ist, welches unmittelbar auf der menschlichen Natur beruht und deren ursprünglichste Bedürfnisse zu befriedigen bestimmt ist. Was freilich der nähere Inhalt dieses Urrechts ist, darüber besteht vielfacher Streit. Stahl bezeichnet als solchen das was zur Existenz der Person gehört: Integrität (Schutz für Leib und Leben), Freiheit, Ehre, Rechtsfähigkeit, Schutz in den erworbenen Rechten.[1] Manche fügen zu diesen Ele-

---

[1] Stahl, Die Philosophie des Rechts, Bd. 2, 3. Aufl., 1854, S. 312. Ahrens, Naturrecht, Bd. 1, §. 47, Bd. 2, §. 56 ff. u. a. Gegen die Lehre von den angeborenen Rechten: Lasson, System der Rechtsphilosophie, 1882, S. 258.

menten des Urrechts noch die Gleichheit hinzu,[2] während andere wieder einzelne Bestandteile. z. B. das Recht auf Ehre verwerfen.[3] Ich kann diese Streitigkeiten, die mit dem Gegenstand der vorliegenden Schrift in keinem Zusammenhang stehen, hier füglich übergehen.

[2] Vgl. z. B. die Déclaration des droits de l'homme et du citoyen der konstituierenden Nationalversammlung vom 26. August bis 3. November 1789. Art. 1. Les hommes naissent et demeurent libres et *égaux en droits* . . .; — Art. 2. Le but de toute association politique est la conservation *des droits naturels et imprescriptibles de l'homme.* Ces droits sont la liberté, *la propriété,* la sûreté et la résistance à l'oppression. Die Erklärung der Menschenrechte statuiert also einesteils die Gleichheit der Menschen in Beziehung auf ihre Rechte und erklärt andrerseits das Eigentum, die wichtigste Quelle aller Ungleichheit, für ein natürliches und unverjährbares Recht. Da auch in vielen der folgenden Verfassungen, die Konstitution vom 24. Juni 1793 (Art. 1—3) nicht ausgenommen, derselbe Widerspruch vorkommt, so bildete sich in der neueren Staatslehre der absurde Begriff der „Gleichheit vor dem Gesetz" heraus (Art. 3 cit.), worunter die Gleichheit in den minder wichtigen Rechtsgebieten (Civilprozess, Strafrecht und Strafprozess u. s. w.), dagegen Ungleichheit in Beziehung auf das wichtigste Rechtsgebiet (das Vermögensrecht) zu verstehen ist. Robespierre wollte bei Beratung der Verfassung vom Jahre 1793 der Gleichheit vor dem Gesetz auch einen vermögensrechtlichen Inhalt geben, doch blieben seine Bemühungen ohne Erfolg. (Vgl. die Rede Robespierre's in der Sitzung des Konvents vom 24. April 1793 und seinen Entwurf einer Erklärung der Menschenrechte in den Oeuvres de Robespierre, herausgegeben von Vermorel, 1866, S. 268—274, ferner Saint-Just, Fragments sur les institutions républicaines S. 34, 58, 70, 71 der Originalausgabe.) Einen ganz socialistischen Charakter hat der Entwurf der Erklärung der Menschenrechte, welchen der Kommunist François Boissel (gest. um 1807) in der Sitzung des Jakobinerklubs vom 22. April 1793 vorlegte, doch wurde dieser selbst von den Jakobinern abgelehnt. Vgl. Buchez, Histoire parlementaire, Bd. 26, S. 107, und über das Leben und die Lehre von Boissel den Aufsatz von Grünberg in der Zeitschrift für die gesamte Staatswissenschaft, 1891. S. 207—252.

[3] Vgl. z. B. Anton Bauer. Lehrbuch vom Naturrecht, 3. Aufl., 1825. S. 86—88, und die daselbst angeführte Litteratur.

Denn schon aus dieser kurzen Darstellung ergiebt sich, dass die Lehre von den angeborenen Rechten in überwiegendem Masse vom Standpunkt der besitzenden Klassen ausgebildet worden ist. Dies zeigt sich namentlich darin, dass die rechtsphilosophische Doktrin ein Urrecht jedes Einzelnen auf die Mitbenützung der äusseren Natur nicht anerkennt, oder mit anderen Worten, dass das Urrecht nach der herrschenden Auffassung gar keinen ökonomischen Inhalt besitzt. Insbesondere wird auch von der modernen Rechtsphilosophie weder das Recht auf den vollen Arbeitsertrag noch auch jenes auf die Existenz anerkannt.

Dass daraus manche augenscheinliche Widersprüche entstehen müssen, liegt auf der Hand. In dem Urrecht ist nach der herrschenden Doktrin ein Anspruch auf Schutz für Leib und Leben, aber nicht auf die äusseren Existenzbedingungen des menschlichen Lebens enthalten, obgleich dieses ohne Nahrung, Wohnung und Kleidung auf die Dauer nicht erhalten werden kann. Das Urrecht im Sinne unserer Rechtsphilosophie schützt so künstliche Interessen wie die Ehre und die Denkfreiheit, dagegen gewährleistet es dem Einzelnen nicht die Erreichung des wichtigsten aller individuellen Zwecke: die Führung eines menschenwürdigen Daseins. Kurz, so aprioristisch die Lehre vom Urrecht auf den ersten Blick erscheinen mag, so enthält sie im Wesentlichen doch nichts als die Anforderungen, welche die gebildeten Mittelstände unserer Zeit an die Rechtsordnung stellen.

Statt ein angeborenes Recht aller Menschen auf die Mitbenützung der äusseren Natur, auf den Mitgenuss der materiellen Existenzbedingungen anzuerkennen, statuiert die herrschende Doktrin nur die abstrakte Fähigkeit der Menschen zum Erwerbe von Rechten überhaupt, von Vermögensrechten insbesondere (die Rechtsfähigkeit, das Zueignungsrecht). Jeder Einzelne muss also, um auch nur die zur Fristung seiner Existenz erforderlichen Sachen zu erlangen, diese erst durch

Vertrag, Erbschaft oder durch irgend eine andere juristische Thatsache erwerben. Da nun die Gründe des Eigentumserwerbs in den positiven Rechtssystemen wie in der rechtsphilosophischen Doktrin so geartet sind, dass sie in Beziehung auf die Hauptmasse der Vermögensobjekte immer nur zu Gunsten eines kleinen Teils der Staatsbürger eintreten können, so erscheint durch jene Beschränkung der angeborenen Rechte auf die blosse Rechtsfähigkeit der schroffe Gegensatz zwischen Reichtum und Armut mit allen seinen Konsequenzen gerechtfertigt.

Abstrakte Fähigkeit zur Erwerbung von Vermögensrechten und konkretes Recht auf die Mitbenützung der äusseren Natur — in den Falten dieses Gegensatzes verbirgt sich die ganze sociale Frage. Man kann der rechtsphilosophischen Doktrin den Vorwurf nicht ersparen, dass sie, die nicht wie die Wissenschaft des positiven Rechts durch die historische Ueberlieferung auf Schritt und Tritt gehemmt ist, sich gerade in dieser wichtigsten Frage darauf beschränkt hat, den geltenden Rechtszustand einfach zu registrieren. Unsere modernen Rechtsphilosophen gehen nicht mehr so weit wie Christian von Wolff, der geschmacklos genug war, in seinem Naturrecht das Lehen- und das Wechselrecht darzustellen und in mathematischer Form zu demonstrieren; aber wer kann in Abrede stellen, dass sie in den Fundamentalfragen den berühmten Ausspruch Hegel's: „Was vernünftig ist, das ist wirklich, und was wirklich ist, das ist vernünftig", [3a] wegen dessen dieser Philosoph so viele ungerechte Anfechtungen erfahren hat, [4] sich mit grosser Vorsicht vor den Augen halten?

Einzelnen rechtsphilosophischen Schriftstellern ist allerdings der innere Widerspruch, der in der ganzen Auffassung liegt, nicht entgangen. Nach der Zeitfolge ist hier vor allem

[3a] Hegel, Grundlinien der Philosophie des Rechtes, 3. Aufl., 1854, S. 17.

[4] Vgl. a. a. O. die Vorrede von Gans S. IX ff.

der berühmte Jurist Hugo hervorzuheben, welcher in seinem Lehrbuch des Naturrechts das Privateigentum als eine ungerechte und verderbliche Einrichtung heftig angreift. [5] In dieser Polemik, ferner in seiner Verteidigung der Sklaverei, [6] kommen schon manche Schlagworte der späteren socialistischen Litteratur zur Anwendung. Doch ist der Standpunkt Hugo's ein wesentlich negativer. er gelangt nicht zur Klarheit über die Frage, welche Rechtsgrundsätze an die Stelle des von ihm bekämpften Privateigentums treten sollen.

Viel weiter als Hugo geht Fichte in seinem geschlossenen Handelsstaat (a. d. J. 1800), [7] zu welchem das Regierungssystem der französischen Republik während der terroristischen Periode (1792—1794) mit den Assignaten und dem Maximum, dann vielleicht auch die Pläne der Babeuf'schen Verschwörung (1796) die Grundzüge geliefert haben. Fichte ist nicht Kollektivist, vielmehr soll das Privateigentum und die Individualwirtschaft auch in seinem Vernunftstaat fortbestehen. [8] Im übrigen ist er für das energischeste Eingreifen des Staates in die ökonomische Ordnung und man kann deshalb sein Staatsideal zwar nicht als einen kommunistischen oder socialistischen Staat, wohl aber als ökonomischen Zwangs- und Polizeistaat bezeichnen.

Als Zweck des Staates sieht Fichte nicht bloss den Schutz der bereits vorhandenen Rechte an, sondern der Staat hat die nach seiner Ansicht viel wichtigere Bestimmung. „jedem erst das seinige zu geben, ihn in sein Eigentum einzusetzen und sodann erst ihn dabei zu schützen". [9] Die Frage

---

[5] Hugo, Lehrbuch des Naturrechts als einer Philosophie des positiven Rechts (2. Bd. des Lehrbuchs eines civilistischen Kursus), 2. Aufl., 1799, §§. 209—218.

[6] Hugo a. a. O. §§. 141—146.

[7] Abgedruckt in Johann Gottlieb Fichte's sämtlichen Werken Bd. 3, 1845, S. 387—513.

[8] Fichte a. a. O. S. 406, 407, 446, 497, 506. Vgl. auch S. 442.

[9] Fichte a. a. O. S. 399, 420, 445, 453.

aber, was jedem im Vernunftstaat zukomme, was das „Seinige"
sei, beantwortet Fichte durch eine unumwundene Anerkennung des Rechts auf Existenz. „Der Zweck aller menschlichen
Thätigkeit ist der, leben zu können: und auf diese Möglichkeit
zu leben haben alle, die von der Natur in das Leben gestellt
wurden, den gleichen Rechtsanspruch. Die Teilung muss daher
zuvörderst so gemacht werden, dass alle dabei bestehen können.
Leben und leben lassen!" [10] Ja Fichte geht sogar so weit,
eine völlig gleiche Teilung der jeweilig produzierten Genussmittel unter die Mitglieder des geschlossenen Handelsstaates als
die allein vernunftgemässe Lösung des Problems zu empfehlen. [11]

Die praktischen Vorschläge, welche Fichte im weiteren
Verlaufe seiner Darstellung macht, sind freilich nicht geeignet,
diese radikalkommunistischen Grundsätze auch nur annähernd
zu verwirklichen. Im Wesentlichen gehen diese Vorschläge
darauf hinaus, dass die Staatsgewalt zum Betrieb von Industrie
und Handel nur soviel Personen zulässt, als die vorhandenen
Ackerbauer ernähren können, [12] dass aber andrerseits die
Ackerbauer, die Industriellen und Handelsleute ein ausschliess-
liches Recht auf den Betrieb ihres Berufszweiges haben sollen. [13]
Ueberdies hätte die Staatsgewalt die Preise aller Dinge zu
bestimmen und zwar wären diese in dem unentbehrlichsten
Lebensmittel (Roggen, Weizen) auszudrücken. [14] Ich über-
gehe die ziemlich krausen und unpraktischen Vorschläge, wie
dieser Wertmesser bei der Preisbestimmung aller Dinge in
Anwendung zu bringen ist [15] und bemerke nur, dass der Staat

---

[10] Fichte a. a. O. S. 402. Vgl. auch Fichte, Grundlage des
Naturrechts nach Principien der Wissenschaftslehre, 1796. §. 18. Sämmtliche Werke Bd. 3, S. 210 ff.

[11] Fichte a. a. O. S. 402. 403.

[12] Fichte a. a. O. S. 408—409.

[13] Fichte a. a. O. S. 446—447, 406—407.

[14] Fichte a. a. O. S. 416.

[15] Vgl. Fichte a. a. O. S. 416 ff.

mit Zugrundelegung jenes Wertmessers ein Landesgeld mit Zwangskurs zu emittieren,[16] das Metallgeld zu beseitigen[17] und den auswärtigen Handel seiner Kontrolle und Genehmigung zu unterwerfen hat.[18]

Man kann ohne Uebertreibung sagen, dass in diesen Vorschlägen Fichte's die widerstrebendsten Elemente vereinigt werden, nämlich einerseits die Bestimmung des Berufes aller Staatsbürger, dann der Preise aller Dinge durch die Staatsgewalt und andrerseits die Fortdauer der Individualwirtschaft und des Privateigentums. Dass eine solche Vereinigung praktisch undurchführbar ist, wird unten (§. 8) bei der Darstellung der Vorschläge von Rodbertus gezeigt werden. Hier will ich nur hervorheben, dass die Einreihung der Staatsbürger in Berufsklassen mit einem bestimmten ausschliesslichen Wirkungskreise und die staatliche Feststellung der Preise noch lange nicht genügt, um den Mitgliedern auch nur das Existenzminimum zu sichern. Denn da das Grund- und Kapitaleigentum fortbestehen soll, so würden sich innerhalb der geschlossenen Berufszweige, gerade so wie jetzt, die Besitzenden und die besitzlosen Proletarier gegenüberstehen.

Schliesslich wäre hier noch etwa Marlo zu erwähnen, dessen Hauptschrift[19] zwar vorherrschend einen volkswirt-

---

[16] Fichte a. a. O. S. 431 ff., 454 ff., 485 ff., 509. Auch Ludwig Gall, der erste deutsche Socialist, hat in seiner Schrift: „Was könnte helfen? Immerwährende Getreidelagerung, um jeder Not des Mangels und des Ueberflusses auf immer zu begegnen, und Kreditscheine, durch die Getreidevorräte verbürgt, um der Alleinherrschaft des Geldes ein Ende zu machen“, 1825, S. 103 ff., 131 ff., ein Getreidegeld, jedoch ohne Zwangskurs vorgeschlagen, welches etwa unseren heutigen Lagerscheinen gleich käme. Vgl. auch A. Smith, Wealth of Nations, Bd. 1, ch. 5.

[17] Fichte a. a. O. S. 485.

[18] Fichte a. a. O. S. 497.

[19] Karl Marlo (Pseudonym für Karl Georg Winkelblech), Untersuchungen über die Organisation der Arbeit oder System der Weltökonomie. 3 Bde., 1850—1857. Ich citiere nach der zweiten, ver-

schaftlichen Inhalt hat, aber doch auch zugleich umfassende
rechtsphilosophische Ausführungen enthält und jedenfalls nicht
zu der eigentlich socialistischen Litteratur (S. 3—12) gerechnet werden kann. Auch bei Marlo ist der Mangel wahr-
zunehmen, dass die von ihm gemachten Vorschläge in keinem
richtigen Verhältnis zu seinen sehr radikalen Principien stehen.

Marlo erkennt unumwunden an, dass das Urrecht auch
einen Anspruch auf Mitbenützung der äusseren Natur in sich
begreift. „Jeder Mensch hat ein angeborenes und unveräusser-
liches Recht auf die seiner Arbeitskraft entsprechende Quote
der Naturkraft und kann über die mit deren Hilfe erzeugten
Produkte nach Belieben verfügen." [20] Von den beiden möglichen Formen, welche das angeborene Recht auf Mitbenützung
der äusseren Natur annehmen kann: dem Recht auf den vollen
Arbeitsertrag und dem Recht auf Existenz, scheint er dem
Ersteren den Vorzug zu geben. [21] Ausserdem aber statuiert
Marlo als Ergänzung des Rechts auf den vollen Arbeitsertrag
noch ein besonderes Recht auf Arbeit; die Gesellschaft soll
nämlich sämmtliche bei der Privatindustrie keine Beschäftigung
findenden Personen mit der bei den öffentlichen Unternehmungen (Wasser-, Strassen-, Eisenbahnbau u. s. w.) vorkom-
menden unqualifizierten Arbeit beschäftigen und ihnen für die
einer durchschnittlichen Arbeitskraft entsprechenden Leistungen
einen zur Befriedigung aller notwendigen Bedürfnisse aus-
reichenden Lohn geben. [22]

Während Marlo, wie sich aus dieser Darstellung ergiebt, ebenso radicale Principien vertritt wie die fortge-

---

vollständigten Auflage, welche 1885—1886 in vier Bänden erschienen
ist. Vgl. auch die ausführliche Darstellung der Ansichten Marlo's bei
Schäffle, Kapitalismus und Socialismus (1870), zehnter Vortrag.

[20] Marlo a. a. O. Bd. 1, S. 307. Vgl. auch S. 313, 330.

[21] Marlo a. a. O. Bd. 1, S. 302, 309, 314, Note 2; Bd. 2, S. 314.
Vgl. jedoch auch Bd. 3, S. 775.

[22] Marlo a. a. O. Bd. 1, S. 321; Bd. 3, S. 766, 755.

schrittensten Socialisten, wetteifert er in Beziehung auf die Schwäche und Halbheit seiner praktischen Vorschläge mit den von ihm so gehassten und geringgeschätzten liberalen Staatsmännern. Nach Marlo's Absicht sollen in seinem Staatsideal das vererbliche Eigentum, die Individualwirtschaft und die freie Konkurrenz fortbestehen.[23] Alle Zweige des Privaterwerbs werden ausschliesslich von Zünften betrieben, in welche jedoch jeder Staatsbürger (unter Umständen nach Ablegung einer Prüfung) eintreten kann.[24] Die Geschäfte dürfen aber einen gewissen Umfang nicht übersteigen, der bei der landwirtschaftlichen Zunft nach der Bodenfläche, bei den übrigen nach der Zahl der in einem Geschäft zusammenwirkenden Personen bestimmt wird.[25] Zur Unterstützung dieser Erwerbsordnung dient ein Kreditsystem, kraft dessen Kapitalien, welche die reicheren Bürger innerhalb ihrer Erwerbsphären nicht zu verwenden vermögen, den Armen, denen es an genügenden Mitteln zur Befruchtung ihrer Erwerbskraft gebricht, zugeführt werden. Doch ist das Darlehen der einzige zulässige Kreditvertrag; das Vermieten von Produktionsmitteln und das Verborgen von Verkaufsgegenständen ist gesetzlich untersagt.[26]

Diese und zahlreiche andere Vorschläge Marlo's verfolgen offenbar den Zweck, jedem einzelnen Staatsbürger den Betrieb eines Geschäftes für eigene Rechnung zu ermöglichen. Da das Privateigentum und die Individualwirtschaft aufrecht erhalten bleiben soll, so kann durch diese Vorschläge, wie Marlo selbst sehr klar erkannt hat,[27] weder das Recht auf den vollen Arbeitsertrag verwirklicht, noch das arbeitslose Einkommen beseitigt werden. Ueberhaupt kann man das Staatsideal Marlo's

---

[23] Marlo a. a. O. Bd. 1, S. 320, 324.
[24] Marlo, Bd. 1, S. 321. Vgl. Bd. 4, S. 306.
[25] Marlo, Bd. 1, S. 321. Vgl. Bd. 4, S. 308, 309.
[26] Marlo a. a. O. Bd. 1, S. 322.
[27] Marlo a. a. O. Bd. 2, S. 322.

(den „Föderalismus") nur als ein ziemlich principloses Aggregat
von gutgemeinten ökonomischen Polizeimassregeln bezeichnen,
deren Tragweite mit seinen radikal-socialistischen Principien
im schreiendsten Missverhältnis steht. Ein abschliessendes
Urteil über die Projekte Marlo's ist übrigens nicht möglich,
weil sein Werk gerade dort unterbrochen wurde, wo er die
Details seiner Arbeitsorganisation darstellen wollte.[28]

Aus dieser Darstellung ergiebt sich, dass das Recht auf
den vollen Arbeitsertrag und das Recht auf Existenz von der
überwiegenden Anzahl der rechtsphilosophischen Systeme überhaupt nicht anerkannt werden, und dass selbst jene Schriftsteller, welche sich zu diesen Rechten bekennen, doch zur
Durchführung derselben völlig ungenügende Vorschläge machen.
Die Rechtsphilosophie ist eben, wie aprioristisch ihre Sätze
auch deduziert sein mögen, doch im Wesentlichen nichts als
ein Abbild des historisch überlieferten Rechtszustandes und
wie die Socialisten von einer bürgerlichen Nationalökonomie
sprechen, so könnte man die heutige Gestaltung jener Disciplin als die bürgerliche Rechtsphilosophie bezeichnen. Ihr
hat sich im Laufe des letzten Jahrhunderts in dem Socialismus eine Rechtsphilosophie der besitzlosen Volksklassen an
die Seite gestellt. Von der Mitte des 18. Jahrhunderts bis
auf Ricardo erscheint der Socialismus auch in der äusseren
Form als eine philosophische Rechtslehre, während die socialistische Theorie seit Ricardo,[29] der durch die schroffe und
einseitige Ausbildung der bürgerlichen Nationalökonomie den
socialistischen Parteien arge Blössen bot, den Charakter einer
volkswirtschaftlichen Disciplin von vorherrschend polemischer
Richtung annahm. Trotz dieser nationalökonomischen Ver-

---

[28] Marlo, Bd. 4, S. 254. 255.

[29] Das Hauptwerk von Ricardo: Principles of political economy
and taxation, dessen Werttheorie auf den späteren Socialismus so mächtig
eingewirkt hat (s. z. B. § 5, Note 7. 8), erschien im Jahre 1817.

brämung, die namentlich bei den deutschen Socialisten (Rodbertus, Marx, Lassalle) einen so breiten Raum einnimmt,
sind doch die rechtsphilosophischen Elemente als der eigent-
liche Kern des Socialismus zu betrachten. Die Stellung dieser
volkstümlichen Rechtsphilosophie zu dem Recht auf den vollen
Arbeitsertrag soll nunmehr näher dargelegt werden.

§. 3. William Godwin.

Der erste mir bekannte wissenschaftliche Vertreter des Rechts auf den vollen Arbeitsertrag ist William Godwin (1756—1836), dessen „Untersuchungen über die politische Gerechtigkeit" zuerst im Jahre 1793 [1] und später in wiederholten Auflagen erschienen sind. [2] Ueberhaupt kann man Godwin als den ersten wissenschaftlichen Socialisten der neueren Zeit betrachten, bei dem sich schon alle Ideen des modernen Socialismus und Anarchismus im Keime vorfinden. Er hat auf Hall, Owen und Thompson und durch diese auf die Entwicklung des Socialismus den mächtigsten Einfluss ausgeübt.

[1] William Godwin, An Enquiry concerning political Justice and its Influence on general Virtue and Happiness, 2 Bde in 4°, London, 1793. Die zweite und dritte Auflage dieser wichtigen Schrift erschien in je zwei Oktavbänden 1796 und 1798. Ein neuer Abdruck des achten Buchs, welches vorzüglich die socialistischen Theorien Godwin's enthält, wurde unter dem Titel: Godwin's „Political Justice": A reprint of the essay on „property", from the original edition von H. S. Salt in London 1890 veröffentlicht. Die wichtigste Gegenschrift sind die Ausführungen von Malthus in seinem Essay on the principle of population, Buch 3, Kap. 2—3. Ueber Godwin's Leben und Lehren vgl. C. Kegan Paul: W. Godwin, his friends and contemporaries, 2 Bde., London 1876 und Held, Zwei Bücher zur socialen Geschichte Englands, 1881, S. 89 ff.

[2] Ich benütze hier die dritte Auflage, welche gerade in Beziehung auf den Gegenstand dieser Schrift sehr beträchtlich von der Originalausgabe abweicht.

Godwin unterscheidet drei Grade des Eigentums (degrees of property) oder, wie wir es richtiger ausdrücken würden, drei Formen der Güterverteilung. Sie entsprechen im Wesentlichen den drei Principien des Vermögensrechts, welche ich oben (§. 1) zusammengestellt habe: dem Recht auf Existenz, dem Recht auf den vollen Arbeitsertrag und dem Privateigentum der heutigen Rechtsordnung.

Das erste Princip der Güterverteilung wird von Godwin so formuliert, dass Jeder ein dauerndes Recht an allen jenen Sachen haben soll, deren Besitz ihm ein grösseres Mass von Wohlsein als jedem Anderen verschafft. Mit anderen Worten: Der soll die Sachen besitzen, der sie am besten brauchen kann.[3] Dieses Verteilungsprincip mag uns, die in der Schule des römischen Privatrechts auferzogen sind, als eine Chimäre erscheinen; dennoch wird es in jeder von der rechten Gesinnung erfüllten Familie und in grösserem Massstab in den amerikanischen Kommunistengemeinden praktisch ausgeübt. Godwin verkennt übrigens nicht, dass der Anwendung jenes Verteilungsprincips eine vollständige Umwandlung des geistigen und sittlichen Zustandes der Menschheit vorhergehen müsste.[4] Dieselbe Ansicht, dass für den Umfang des Eigentums das Bedürfnis der Individuen massgebend sein müsse und dass jeder, der über das Mass seiner Bedürfnisse Eigentum aufhäuft, an seinen Genossen ein Unrecht begeht, hatte mehr als ein Jahrzehnt früher der spätere Girondistenführer Brissot in seiner Schrift „Ueber das Eigentum und den Diebstahl" vertreten.[5]

[3] Godwin a. a. O. Bd. 2. 1798. S. 432: The first and simplest degree of property, is that of my permanent right in those things, the use of which being attributed to me, a greater sum of benefit or pleasure will result, than could have arisen from their being otherwise appropriated.

[4] Godwin a. a. O. S. 480 ff.

[5] Vgl. J. P. Brissot de Warwille, Sur la propriété et le vol,

In dem Grundsatz, dass für die Güterverteilung das Bedürfnis massgebend sein soll, ist nun auch als erste und wichtigste Konsequenz das Recht auf Existenz enthalten (oben §. 1). Noch dreissig Jahre später, als Godwin sich in seiner Streitschrift gegen Malthus ganz auf den Boden der geltenden Rechtsordnung stellte,[6] hat er doch wenigstens das Recht der Armen auf öffentliche Unterstützung vertreten.[7]

Das zweite Verteilungsprincip (the second degree of property) besteht nach Godwin darin, dass Jedermann berechtigt ist, über das Produkt seiner Arbeit frei zu verfügen.[8] Natürlich führt dieser Grundsatz nicht zu den nämlichen Resultaten wie der erstangeführte, vielmehr kann es sich sehr wohl ereignen, dass darnach eine Sache, als das Produkt meiner Arbeit, auch mein Eigentum ist, obgleich sie ein Anderer viel dringender bedarf als ich.[9] Es ist dies derselbe Gegensatz zwischen dem Recht auf den vollen Arbeitsertrag und dem Recht auf Existenz, von welchem schon oben (§. 1) die Rede war. Dieses zweite Verteilungsprincip erscheint deshalb Godwin auch als minder naturgemäss als das erste; wie sich auch nicht verkennen lässt, dass es den Uebergang zu dem Privateigentum der geltenden Rechtsordnung bildet.

1780, S. 62, 63, 66, 69, 93, 95, 96 des Brüsseler Abdrucks vom Jahre 1872 und die übrigen oben §. 1, Note 4. genannten Schriftsteller.

[6] William Godwin, an Enquiry concerning the power of increase in the number of mankind. Being an answer to M. Malthus's essay on that subject, 1820 S. X.

[7] Godwin a. a. O. Buch VI, Kap. 4.

[8] Godwin, Enquiry concerning pol. justice, Bd. 2, S. 433: The second degree of property, is the empire to which every man is entitled, over the produce of his own industry, even that part of it the use of which ought not to be appropriated to himself. Einzelne Andeutungen über das Recht auf den vollen Arbeitsertrag finden sich schon bei Locke, Two treatises of government, II, § 27. Vgl. auch Adam Smith, Wealth of Nations, book 1, ch. 8 am Anfange.

[9] Godwin a. a. O. S. 739.

Die dritte Form der Güterverteilung, die Godwin noch
unterscheidet, ist das auf dem Privateigentum beruhende Vermögensrecht, wie es in den civilisierten Staaten Europas überall
besteht. Das Wesen dieses Systems besteht nach seiner Auf
fassung darin, dass die Rechtsordnung gewissen Gesellschaftsklassen das Recht verleiht, über den Arbeitsertrag Anderer
zu verfügen oder mit anderen Worten ein arbeitsloses Einkommen zu beziehen.[10]

Es sei, meint Godwin, eine grobe Täuschung, wenn die
Menschen von dem Eigentum sprechen, welches ihnen ihre Vorfahren hinterlassen haben. Das Eigentum oder wie man heute
sagen würde, das Einkommen werde vielmehr durch die täg-
liche Arbeit derjenigen hervorgebracht, welche gegenwärtig
leben. Die Vorfahren hätten ihren Nachkommen in Wirklichkeit nur ein vergilbtes Pergament zurückgelassen, welches
diese dazu benützen, um sich den Arbeitsertrag Anderer anzueignen. Reichtum, namentlich erblicher Reichtum, sei daher
im Wesentlichen nichts als eine Sinekure, wobei die Arbeiter
den Gehalt entrichten, während der Eigentümer denselben in
Luxus und Trägheit verschwendet.[11]

Ueber das Verhältnis zwischen Arbeitslohn und arbeitslosem Einkommen, dann zwischen dem arbeitenden und müssigen Teil der Gesellschaft hat Godwin sehr ungünstige Vor-
stellungen, welche von dem Vorwurf der Uebertreibung nicht
frei zu sprechen sind. Er meint, dass in England sich nur
der zwanzigste Teil der Bewohner ernstlich mit landwirtschaftlichen Arbeiten beschäftige und dass diese in der freien

---

[10] Godwin a. a. O. Bd. 2. S. 434, 435: It is a system, in whatever manner established, by which one man enters into the faculty of
disposing of the produce of another man's industry.

[11] Godwin a. a. O. Bd. 2. S. 458, 459. Derselbe: The Enquirer.
Reflections on education, manners and literature, 1797, S. 177: What is
misnamed wealth, is merely a power vested in certain individuals by
the institutions of society, to compel others to labour for their benefit.

Zeit, welche die Landwirtschaft übrig lässt, auch die notwendigen gewerblichen Arbeiten verrichten könnten. Der
zwanzigste Teil der Bevölkerung genüge also, um dieselbe
mit allen absoluten Lebensbedürfnissen zu versehen oder, was
das Nämliche ist, wenn man die durchschnittliche Arbeitszeit
auf zehn Stunden rechnet, so brauche Jeder täglich nur
während einer halben Stunde mechanische Arbeiten zu verrichten.[12]

So klar Godwin schon die Principien erkannt hat, auf
welchen das Vermögensrecht der socialistischen Gesellschaftsordnung beruhen muss, so unbefriedigend sind die praktischen
Vorschläge, welche er zur Durchführung derselben gemacht
hat. Er verwirft den ganzen Apparat des kommunistischen
Staates: die Leitung der Produktion und der Konsumtion
durch die staatlichen Organe, die gemeinsame Arbeit, die gemeinsamen Mahlzeiten, die gemeinsamen Magazine zur Auf-
bewahrung der nützlichen Sachen.[13] Godwin will vielmehr
die Individualwirtschaft und das Privateigentum aufrecht erhalten, welches letztere nur unter den Mitgliedern gleich verteilt sein müsste;[14] aber dieser Zustand kann nur durch eine
völlige Umwandlung der menschlichen Gesinnungen dauernd
gemacht werden, indem jeder Genosse bereit sein müsste,
jedes seiner Vermögensstücke einem Andern zu überlassen,
sofern dieser durch dasselbe ein dringenderes Bedürfnis befriedigen kann.[15] Mit anderen Worten: Jener ideale Zustand
völliger Gleichheit kann nur dann eingeführt und erhalten
werden, wenn das zweite der oben (§. 1) dargestellten Ver-
teilungsprincipien allgemeine und werkthätige Anerkennung
erlangt hat.

[12] Godwin a. a. O. S. 482—484. Derselbe: The **Enquirer**,
S. 163, 214.

[13] Godwin a. a. O. S. 497, 498, 502; Enquirer S. 168.

[14] Godwin a. a. O. S. 499 ff., S. 431 ff.

[15] Godwin a. a. O. S. 474 ff.

Den chimärischen Charakter dieser Voraussetzungen wird gewiss Niemand verkennen. Godwin musste jede Mitwirkung des Staates zur Verwirklichung seines obersten Verteilungs-principes deshalb ablehnen, weil er in den wesentlichen Beziehungen schon auf dem Standpunkte des heutigen Anarchismus steht. Er will nämlich den geschichtlich überlieferten Staat in einzelne Kirchspiele auflösen, jede vollziehende oder gesetzgebende Centralgewalt abschaffen und nur in ausserordentlichen Fällen die Zusammentretung von Nationalversammlungen gestatten. Der heutige Staat, welcher als eine höhere Macht über seine Mitglieder herrscht, würde dann natürlich aufhören und die Thätigkeit der Kirchspiele sich auf die Verwaltung beschränken. Von dem Apparat unseres modernen Staates sollen nur die Schwurgerichte zur Entscheidung der Civil- und Kriminalfälle übrig bleiben; allein diese sowie die National- und Kirchspielvertretungen sollen nur im Anfang eine Zwangsgewalt besitzen, später soll ihnen bloss das Recht zustehen, die Mitglieder der Gemeinschaft aufzufordern (to invite), dass sie zu dem gemeinsamen Wohl in einer bestimmten Weise mitwirken. Da eine solche beratende und ermahnende Behörde nicht mehr eine Regierung im Sinne der heutigen Staatsauffassung ist, so muss Godwin folgerichtig die Auflösung der Regierungen (dissolution of governments) als das letzte Ziel aller politischen Reformbestrebungen bezeichnen.[16] Und sein politisches Ideal besteht in der That in einem auf die einfachsten Elemente reduzierten Gesellschaftszustand, ohne Regierung, ohne Straf- und Zwangsgewalt, in welchem die Güter unter den Mitgliedern gleichgeteilt sind, in dem aber Jeder auf sein Eigentum zu Gunsten eines dringenderen Bedürfnisses freiwillig Verzicht leistet.[17]

[16] Godwin, Buch 5, Kap. 21—24.
[17] Godwin, Buch 8, Kap. 1. Vgl. Bd. 2, S. 356 ff. der ersten Auflage und oben Note 15.

Die anarchistischen Ideen Godwin's hatten auf die Entwicklung des Socialismus keinen unmittelbaren Einfluss; erst zwei Menschenalter später wurde der Anarchismus — wie es scheint ohne Zusammenhang mit Godwin — durch Proudhon, Stirner und Bakunin wieder belebt. Dagegen kann man die Einwirkung, welche seine Theorien über ein neues Princip des Vermögensrechts ausgeübt haben, schon bei dem nächsten hervorragenden Social-schriftsteller, Charles Hall, deutlich wahrnehmen.

§. 4. Charles Hall.

Im Jahre 1805 erschien von Charles Hall unter dem
Titel: The Effects of Civilisation on the people in European
States[1] eine Schrift, welche auf den älteren englischen Socialismus und dadurch indirekt auf die heutige socialistische Bewegung von grossem Einfluss gewesen ist. Hall untersucht
in dieser Schrift die Folgen, welche das Steigen der Civilisation und des Reichtums auf den socialen Zustand der arbeitenden Volksmassen hervorbringt. Er beantwortet diese
Frage in der Weise, dass durch das Steigen des Reichtums
die Arbeit der Armen einerseits und das arbeitslose Einkommen
der Reichen andererseits fortwährend vermehrt wird.[2] Dieses
Missverhältniss habe in England einen so hohen Grad erreicht, dass die arbeitenden Klassen, welche Hall auf vier
Fünfteile der Gesamtbevölkerung veranschlagt, nur ein Achtel
des Ertrags ihrer Arbeit empfangen und verbrauchen können;
der Rest fällt den Reichen in der Form von Grundrente und
Kapitalgewinn anheim.[3] Der Arme arbeitet deshalb nur eine

---

[1] Ich citiere die Schrift Hall's nach dem Abdruck, welcher in
London im Jahre 1849 erschienen ist. Ueber das Leben dieses merk-
würdigen Mannes, der hochbetagt im Schuldgefängnis starb, weil er
nicht gestatten wollte, dass seine Freunde eine nach seiner Ansicht un-
berechtigte Forderung bezahlten, finden sich einige Notizen in (John
Minter Morgan) Hampden in the XIXth century Bd. 1. (1834) S. 20—21.

[2] Hall a. a. O. sect. 13.

[3] Hall a. a. O. sect. 16. Vgl. auch sect. 33.

Stunde unter acht oder eine Stunde im Tage für sich; der
Ertrag aller übrigen Arbeitsstunden muss in unserer Rechtsordnung den Reichen zufallen.[1]

Dieser ungerechte Zustand soll nun nach der Auffassung
Hall's beseitigt werden. Er stellt in dieser Richtung zwei
fundamentale Grundsätze auf. Erstens: Es soll Jedermann
nur soviel arbeiten, als zur Erhaltung seiner Familie erforderlich ist; zweitens: Es soll Jedermann den vollen Ertrag seiner
Arbeit geniessen.[5] Hall kann deshalb für den ersten Socialisten gelten, der Grundrente und Kapitalgewinn als ungerechte
Abzüge von dem Arbeitsertrag angesehen, und das Recht des
Arbeiters auf den vollen Arbeitsertrag mit bewusster Klarheit
ausgesprochen hat.

Zur Durchführung dieser Grundsätze schlägt Hall vor
allem die Aufhebung der englischen Primogeniturgesetze vor,
die allerdings besonders geeignet sind, in der Hand des begünstigten Erben grosse Reichtümer zu vereinigen und dadurch das arbeitslose Einkommen einzelner Personen bis ins
Ungemessene zu steigern. Sodann sollen die Luxusindustrien
(refined manufactures) verboten oder mit schweren Steuern
belegt werden, und zwar zu dem Zwecke, damit die Arbeit
der Armen fortan nur zur Erzeugung der notwendigen Ge-
brauchsgegenstände (necessaries of life) verwendet wird.[6]

Dass die gleiche Erbteilung unter den Kindern und die
Erlassung von Luxusgesetzen nicht hinreichen, um Jedermann
den vollen Arbeitsertrag zu sichern, ist klar genug, da diese
Massregeln ja in verschiedenen Ländern und Zeitperioden ohne

---

[1] Hall sect. 6.

[5] Hall a. a. O. sect. 37: In order to put it in the power of the
whole, or the bulk of the people in a nation, to enjoy that proper
proportion of action and rest . . . . . two means are necessary — viz.
1st. That each man should labour so much only as is necessary for
his family; 2nd. That he should enjoy the whole fruits of his labour.

[6] Hall a. a. O. sect. 30.

diesen Erfolg angewendet worden sind. Hall macht deshalb auch einen viel durchgreifenderen Vorschlag. Der Staat soll den ganzen Grund und Boden einziehen und denselben an die Familien nach Verhältnis ihrer Grösse in Parzellen verteilen. Da die Familien sich ungleich vergrössern, so soll von Zeit zu Zeit eine neue Verteilung stattfinden.[7] Das jeder Familie zugewiesene Landloos soll unveräusserlich sein, aber nach Erlöschung derselben an den Staat zurückfallen.[8]

Hall schlägt also eine Verbindung von Kollektiveigentum und Individualwirtschaft vor. Der Grund und Boden gehört dem ganzen Volk, welches denselben in Parzellen den einzelnen Familien zuweist, diese aber bewirtschaften denselben für eigene Rechnung (Gemeineigentum mit Sondernutzung). Von den späteren Socialisten empfiehlt namentlich Colins[9] eine ähnliche Kombination von Gemeineigentum und Sondernutzung; dagegen unterscheidet sich Hall von der Mehrzahl der heutigen Kollektivisten, welche für gemeinsames Eigentum und gemeinsame Bewirtschaftung desselben eintreten. Hall beruft sich auf die Agrarsysteme der Spartaner, Juden und der Jesuiten in Paraguay,[10] welche auf ähnlichen Grundsätzen beruhen: wir können jetzt namentlich die russische Dorfgemeinde (unten S. 157) anführen, in welcher das System des Gemeineigentums mit Sondernutzung am schärfsten ausgebildet ist.[11]

---

[7] Hall a. a. O. sect. 38. In der unter Owen's Einfluss herausgegebenen ersten socialistischen Zeitschrift in englischer Sprache „The Economist" Bd. 1, 1821, S. 49 findet sich eine lebhafte Polemik gegen diesen Vorschlag.

[8] Hall a. a. O. sect. 37.

[9] Vgl. z. B. Colins, Qu'est-ce que la science sociale Bd. 2 (1853) S. 261—372.

[10] Ueber die Verhältnisse in Paraguay vgl. Gothein, Der christlichsociale Staat in Paraguay, 1883, S. 33 ff.

[11] Haxthausen, Studien über Russland Bd. 3, 1852, S. 124 ff.; Keussler, Geschichte und Kritik des bäuerlichen Gemeindebesitzes in Russland Bd. 1, 1876, S. 224 ff.

Hall hat mit richtigem Takt jene Gestaltung des Vermögensrechts vorgeschlagen, welche allein das Recht auf den vollen Arbeitsertrag annäherungsweise zu verwirklichen im Stande ist. Gemeineigentum mit Sondernutzung ist freilich nicht der vollständige Socialismus, weil der Verkehr zwischen den einzelnen Individualwirtschaften sich in den privatrechtlichen Formen bewegt. Dass aber jedes Rechtssystem, welches das Kollektiveigentum mit der Kollektivwirtschaft verbinden will, den Rahmen des Rechts auf den vollen Arbeitsertrag überschreiten muss, wird später (§. 13) gezeigt werden.

§. 5. William Thompson.

Völlig ausgebildet erscheint der socialistische Ideenkreis, soweit dieser das Recht auf den vollen Arbeitsertrag zum Mittelpunkt hat, in den Schriften William Thompson's. Aus seinen Werken haben die späteren Socialisten: der Saint-Simonismus, Proudhon, namentlich aber Marx und Rodbertus ihre Ansichten direkt oder indirekt geschöpft. Dessenungeachtet wird dieser Schriftsteller, welcher der hervorragendste Begründer des wissenschaftlichen Socialismus ist, in den neueren Geschichtswerken nur wenig beachtet.[1]

William Thompson,[2] von Geburt ein Irländer, war

[1] Held, Zwei Bücher zur socialen Geschichte Englands, 1881 S. 379—385, erwähnt zwar William Thompson, ohne aber die Bedeutung des Mannes für die Entwicklung des wissenschaftlichen Socialismus zu erkennen. Vgl. auch Heinr. Soetbeer. Die Stellung der Socialisten zur Malthusischen Bevölkerungslehre, 1886, S. 21. (Zusatz zur zweiten Auflage.) Durch diese Citate, welche der ersten Auflage wörtlich entnommen sind, habe ich gleich bei Beginn des Abschnitts über Thompson für Jedermann erkennbar gemacht, dass dieser Schriftsteller in Deutschland schon vor mir bekannt war. Wenn nun gleichwohl Gustav Cohn (Göttingen) in einem Tone, welcher nur seinen schlechten Geschmack beweist, gegen mich den Vorwurf erhebt, dass ich das Verdienst der Entdeckung Thompson's für mich in Anspruch nehme (vgl. Cohn in Schmoller's Jahrbüchern, 1889, S. 14), so kann ich das Urteil über seine Wahrheitsliebe wohl mit Beruhigung der Oeffentlichkeit überlassen.

[2] Vgl. die biographischen Notizen von Pare in der zweiten Ausgabe von Thompson's Inquiry into the principles of distribution of wealth, S. XVI ff.; (John Minter Morgan) Hampden in the XIXth

einer der litterarischen Hauptvertreter des Kooperativsystems,
für welches Robert Owen in dem zweiten und dritten
Decennium dieses Jahrhunderts in England eine lebhafte
Agitation betrieb. Er war ein Schüler Bentham's, dessen
Ansichten auf seine Schriften in vielen Punkten nicht ohne
Einfluss geblieben sind. Während aber Bentham die Grenzen
des politischen Radikalismus niemals überschritten und namentlich den Kommunismus eifrig bekämpft hat, steht Thompson
durchaus auf dem Standpunkt eines sehr entwickelten Socialismus. Sein Hauptwerk: An inquiry into the principles of
the distribution of wealth most conducive to human happiness; applied to the newly proposed system[3] of voluntary
equality of wealth, erschien im Jahre 1824 und erlebte später
noch zwei Auflagen.[4] Ausserdem gab Thompson noch

century. Bd. 2, 1834, S. 294 ff.; Holyoake, The History of Cooperation
in England Bd. 1, 1875, S. 109 ff.

[3] Es sind mit dem „neuerlich vorgeschlagenen System" die Vorschläge Owen's gemeint.

[4] Die zweite Auflage (ein von Pare verfertigter Auszug, in dem
viele der wichtigsten Stellen fehlen) erschien 1850, die dritte (Titel-)
Auflage 1869. Es ist charakteristisch, dass Marx und Engels dieses
Fundamentalwerk des englischen Socialismus seit vierzig Jahren falsch
citieren, indem sie das erste Erscheinen desselben in das Jahr 1827
setzen. Vgl. Marx, Misère de la philosophie. 1847, S. 50. Derselbe,
Zur Kritik der politischen Oekonomie, 1859, S. 64, Note. Engels, in
der Vorrede zu der deutschen Uebersetzung von Marx' Misère de la
philosophie S. VIII (vgl. S. 49 der Uebersetzung). Derselbe, in der
Vorrede zu Marx' Kapital Bd. 2, 1885, S. XVI. — An einzelnen der
angeführten Stellen (Marx' Misère S. 49, 50, Engels in der deutschen
Uebersetzung dieser Schrift S. VIII) erwähnen Marx und Engels die
Hopkins (Pseudonym für Frau Marcet) als zur socialistischen Litteratur
gehörig, während sie in Wirklichkeit eine der heftigsten und zugleich
bekanntesten Gegnerinnen des Socialismus war. Vgl. John Hopkin's
notions on political economy, 1833, S. 1—10, und passim. Erst in seiner
Vorrede zu dem zweiten Band von Marx' Kapital S. VI, setzt Engels
an die Stelle des imaginären Socialisten Hopkins den richtigen Namen
Hodgskin. — Ich erwähne diese auffälligen Verstösse nur deshalb, weil

mehrere kleine Schriften heraus. welche gleichfalls der Verbreitung socialistischer Ideen dienen sollten.[5] Er starb am
28. März 1833.

Thompson geht von drei Grundsätzen aus, welche auch
der eifrigste Manchestermann unterschreiben kann, die aber
bei diesem Schriftsteller selbstverständlich einen ganz anderen
Sinn haben als bei den Anhängern der bürgerlichen Nationalökonomie. Diese drei Grundsätze sind: 1) Die Arbeit soll
sowohl in Beziehung auf ihre Leitung, als auch in Beziehung
auf ihre Fortsetzung frei sein; 2) das ganze Arbeitsprodukt
soll dem Produzenten gesichert werden; 3) der Austausch
dieser Produkte soll frei sein.[6] Der Grund der auffallenden
Erscheinung, dass die englische Nationalökonomie und Thompson von dem gleichen Ausgangspunkt zu so vollständig verschiedenen Zielen gelangen, besteht darin, dass die erstere
unsere heutige privatrechtliche Rechtsordnung, insbesondere
auch das individuelle Grund- und Kapitaleigentum als die
Schranke betrachtet. innerhalb deren jene freiheitlichen Grundsätze zu verwirklichen sind, während Thompson umgekehrt
eine Umbildung unserer heutigen Rechtsordnung zur thatsäch-
lichen Durchführung jener Grundsätze für notwendig erachtet.

Engels den deutschen Professoren (in der Vorrede zum Kapital, 2. Bd.,
S. XVII) völlige Unkenntnis der antikapitalistischen englischen Litteratur
während der zwanziger und dreissiger Jahre vorwirft und sich selbst
auf diesem Litteraturgebiet — wie ich glaube, mit dem grössten Unrecht — als Autorität gerieren will.

[5] An appeal of one half of the human race. Women, against the
pretensions of the other half, Men. to retain them in political, and
thence in civil and domestic slavery. London, 1825. — Labour rewarded.
The claims of labour and capital conciliated: or how to secure to
labour the whole products of its exertions. London, 1827. — Practical
directions for the speedy and economical establishment of communities
etc. London, 1830. Von diesen Schriften konnte ich bei Abfassung
der vorliegenden Abhandlung nur die letzte benützen.

[6] Vgl. Thompson, Distribution of wealth, Ausgabe von 1824.

Wie so zahlreiche englische Nationalökonomen, namentlich Ricardo,[7] geht auch Thompson von dem Grundgedanken aus, dass die Arbeit allein die Ursache des Tauschwertes ist.[8] Aus dieser wirtschaftlichen Thatsache zieht er dann die juristische Konsequenz — und mit diesem rechtsphilosophischen Satz geht der Socialismus über Ricardo und die bürgerliche Nationalökonomie weit hinaus — dass demjenigen, der den Wert durch seine Arbeit erzeugt hat, auch der Ertrag seiner Arbeit ungeschmälert zufallen soll, oder mit anderen Worten, dass jedem Arbeiter das Recht auf den vollen Arbeitsertrag zusteht.[9] In unserer heutigen Gesellschaftsordnung erhalten die Arbeiter freilich bei Weitem nicht den vollen Ertrag ihrer Arbeit, sondern nur dasjenige, was zu ihrer Erhaltung unentbehrlich ist (Lassalle's ehernes Lohngesetz):[10] der Rest der von ihnen geschaffenen Werte fällt den Grund- und Kapitaleigentümern in der Form von Grundrente und Kapitalgewinn anheim.

Thompson verkennt nicht, dass der Arbeiter in unserer heutigen Gesellschaftsordnung, in welcher Grund- und Kapitaleigentum besteht, verpflichtet ist, den Eigentümern für den Gebrauch von Gebäuden, Maschinen, Werkzeugen und Roh-

S. 6 (2. Aufl., S. 3): Natural laws of Distribution: 1) All labour ought to be free and voluntary, as to its direction and continuance; 2) all the products of labour ought to be secured to the producers of them; 3) all exchanges of these products ought to be free and voluntary.

[7] Ricardo, Principles of political economy and taxation, 1817, ch. 1; in der Ausgabe seiner sämtlichen Werke von Mc-Culloch vom Jahre 1881, S. 71. Vgl. auch A. Smith, Wealth of Nations, Book 1, ch. 6.

[8] Thompson a. a. O. S. 6, 95 (2. A. S. 5, 73).

[9] Thompson a. a. O. S. 95 (2. A. S. 73). This new law, rule, or suggestion of wisdom therefore, is . . . „Secure to the producer the free use of whatever his labour has produced."

[10] Thompson a. a. O. S. 171 (2. A. S. 133), The productive labourers stript of all capital, of tools, houses and materials to make their labour productive, toil from want, from the necessity of existence, their remuneration being kept at the lowest compatible with the existence of industrious habits.

materialien einen Teil des Arbeitsertrages abzugeben. Aber diese Beschränkung des Rechts auf den vollen Arbeitsertrag soll nicht weiter gehen, als unerlässlich ist. Der Arbeiter hätte einesteils dem Grund- und Kapitaleigentümer die durch den Gebrauch erfolgte Abnützung zu ersetzen; andrerseits könnte der Grund- und Kapitaleigentümer aus dem Ertrag aller von ihm beschäftigten Arbeiter so viel verlangen, dass er mit dem bestbezahlten Arbeiter ein gleiches Einkommen bezieht.[11]

Es fehlt aber nach der Ansicht Thompson's viel, dass in unserem Gesellschaftszustand dieser gerechte Verteilungsmassstab zur Anwendung käme. Vielmehr betrachten die Kapitalisten, in deren Händen die Gesetzgebung ist, jene Differenz zwischen der Lebensnotdurft der Arbeiter und dem wirklichen Ertrag ihrer durch Maschinen und andere Kapitalaufwendungen produktiver gewordenen Arbeit als einen Mehrwert (surplus value, additional value), der den Grund- und Kapitaleigentümern zuzufallen hat.[12] Grundrente und Kapitalgewinn sind deshalb nichts anderes als Abzüge, welche der Grund- und Kapitaleigentümer vermöge seiner gesetzlichen Machtstellung von dem vollen Arbeitsertrage zum Nachteile des Arbeiters zu machen in der Lage ist.[13] Man wird in

[11] Thompson a. a. O. S. 167 (2. A. S. 128).

[12] Thompson a. a. O. S. 167 (2. Aufl. S. 128): The measure of the capitalist, on the contrary, would be *the additional value* produced by the same quantity of labor in consequence of the use of machinery or other capital; *the whole of such surplus value to be enjoyed by the capitalist for his superior intelligence and skill in accumulating and advancing to the laborers his capital or the use of it.* Schon Sismondi, der auf Thompson offenbar auch in anderen Richtungen einen bedeutenden Einfluss ausgeübt hat, gebraucht für das arbeitslose Einkommen den Ausdruck mieux-value, ohne dasselbe jedoch als ein Unrecht zu betrachten. Vgl. Nouveaux Principes d'économie politique Bd. 1. 1. Aufl., 1819, S. 88, 102 ff. und passim.

[13] Thompson a. a. O. S. 40, 67, 164—165, 181, 394 (2. A. S. 31, 53—54, 125—126, 143, 281—282).

diesen Ansichten Thompson's sofort den Gedankengang, ja sogar die Ausdrucksweise erkennen, die sich später bei so vielen Socialisten, namentlich auch bei Marx und Rodbertus wiederfindet.

Auch die Ansicht Thompson's und zahlreicher anderer Socialisten, dass Grundrente und Kapitalgewinn Abzüge sind, welche die Grund- und Kapitaleigentümer von dem vollen Arbeitsertrage machen, ist keineswegs dem Socialismus eigentümlich, da manche Vertreter der bürgerlichen Nationalökonomie, z. B. Adam Smith,[14] von der gleichen Meinung ausgehen. Thompson und seine Nachfolger sind nur insofern originell, dass sie Grundrente und Kapitalgewinn als unrechtmässige Abzüge betrachten, welche mit dem Recht des Arbeiters auf den vollen Arbeitsertrag im Widerspruch stehen. Der Unterschied beider Auffassungen ist also auch hier (s. oben S. 54) rechtsphilosophisch, nicht nationalökonomisch.

Wie ist aber diesem Zustande abzuhelfen, welcher im Sinne der socialistischen Auffassung dem Reichen ein müssiges Genussleben ermöglicht, während er den Arbeiter zu fortwährender, hoffnungsloser Arbeit verurteilt?

So scharf Thompson in der Kritik der bestehenden gesellschaftlichen Zustände ist, so vorsichtig ist er in seinen Reformvorschlägen. Ein Eingreifen der staatlichen Gesetzgebung will er nur in negativer Richtung zulassen, indem er, in Uebereinstimmung mit dem liberalen Programm, die Beseitigung aller Fesseln des freien Verkehrs, insbesondere die Abschaffung aller Gebundenheit von Grund und Boden, aller Lohntaxen, Monopole u. s. f. verlangt.[15] Positiv sind nach der Ansicht Thompson's die Nachteile, welche Grundrente und Kapitalgewinn dem Arbeiter zufügen, durch vertragsmässige Bildung von socialistischen Gemeinden zu bekämpfen. In Be-

---

[14] Adam Smith, Wealth of Nations, Bd. 1, ch. 6, 8.
[15] Thompson a. a. O. S. 600 (2. A. S. 455, 456).

ziehung auf diese Gemeinden schliesst sich Thompson[16] in allen wichtigen Punkten den Vorschlägen an, welche Robert Owen seit einer Reihe von Jahren in Schriften und öffentlichen Versammlungen gemacht hatte.[17]

Danach soll eine Anzahl von Personen (500—2000 oder mehr), welche nach den Umständen durch gemeinsame Arbeit (mutual cooperation) die wichtigsten zur Befriedigung der menschlichen Bedürfnisse erforderlichen Sachen hervorbringen können, sich freiwillig zu dem Zwecke vereinigen, um mit allen Hilfsmitteln der Kunst und Wissenschaft durch gemeinsame Anstrengung jene Befriedigungsmittel zu produzieren und auf diese Weise Nachfrage und Angebot immer in Uebereinstimmung zu erhalten. Die socialistischen Gemeinden sollen unter allen Umständen die Landwirtschaft so weit betreiben, als zur Befriedigung ihrer Bedürfnisse erforderlich ist; im übrigen soll die Arbeit der Mitglieder zur Produktion von Industriegegenständen, sei es für den eigenen Bedarf, sei es zum Zwecke des Austausches gegen andere Güter, verwendet werden. Der zu diesen Zwecken erforderliche Grund und Boden samt den Wohnungen und anderen Kapitalien soll wo-

[16] Thompson a. a. O. S. 386 ff. (2. A. S. 274 ff.). Einen sehr detaillierten Plan zur Gründung solcher socialistischen Gemeinden giebt Thompson in den Practical directions u. s. f. (vgl. Note 5).

[17] Robert Owen, Report to the Committee of the Association for the relief of the manufacturing and labouring Poor, 1817, abgedruckt in: New View of the society 1818, und in: Life of Robert Owen, vol. I A, 1858, S. 49 ff. — Report of the proceedings at the several public meetings held in Dublin by Robert Owen Esq., Dublin, 1823; auch abgedruckt in The new existence of man upon the earth, 4. Bd. 1854, S. LIV ff. (beste Zusammenfassung der Owenschen Vorschläge). — Aus der späteren Zeit: Robert Owen, The Revolution in the mind and practice of the human race, 1849, S. 61 ff. Lange Zeit vor Owen hatte John Bellers: Proposals, for raising a colledge of industry, London, 1696 (wieder abgedruckt in Life of Owen, vol. I A, S. 158 ff.) ähnliche Vorschläge gemacht.

möglich gekauft werden: sind die Mitglieder der Gemeinde aber dazu nicht reich genug, so soll der Grund und Boden gepachtet, die erforderlichen Kapitalien geliehen werden.

Die wichtigste Frage vom rechtlichen Standpunkt ist natürlich, wie die von den socialistischen Gemeinden erzeugten Güter unter die Mitglieder verteilt werden sollen. Da Thompson das Recht auf den vollen Arbeitsertrag mit dem grössten Nachdruck verteidigt (Note 9), so sollte man glauben, dass jedem Mitglied nach irgend einem Massstab von der erzeugten Gütermenge ein so grosser Wert zugewiesen werde, als er durch seine Arbeit hervorgebracht hat. Dieser Massstab kann allerdings, wie oben (§. 1) bereits hervorgehoben wurde, und wie in dem weiteren Verlaufe dieser Darstellung (§. 13) noch näher auszuführen sein wird, ein sehr verschiedener sein: es kann als solcher die von jedem einzelnen Mitglied geleistete Zeitarbeit oder die Durchschnittsarbeit, oder es können endlich die historischen Arbeitspreise mit der durch den Wegfall des arbeitslosen Einkommens bedingten Vermehrung dienen. Aber immer muss in einem socialistischen System, welches das Recht auf den vollen Arbeitsertrag konsequent durchführen will, das Mass der dem Einzelnen gebührenden Gütermenge wenigstens in Ansehung der Arbeitsfähigen von dem Mass der geleisteten Arbeit abhängig sein.

In Wirklichkeit vertritt aber Thompson in Beziehung auf die Güterverteilung den zweiten der oben (§. 1) charakterisierten Standpunkte: die Verteilung nach dem Bedürfnis, das Recht auf Existenz. Alle Mitglieder der socialistischen Gemeinde sollen von der Gemeinschaft Nahrung, Kleidung und Wohnung erhalten, die Kinder gemeinsam erzogen werden. [18] Diesen Widerspruch trachtet Thompson dadurch zu beseitigen, dass nach seinem Vorschlag in der socialistischen Gemeinde die Genussmittel zwar gleich, das ist nach Massgabe der in-

---

[18] Thompson, Distribution of wealth S. 388, 389.

dividuellen Bedürfnisse (s. oben S. 8) verteilt werden sollen,
dass aber andrerseits jedes arbeitsfähige Mitglied das gleiche
Mass von Arbeit leisten muss, wobei, wie es scheint, lediglich
die Dauer der Arbeitszeit als Massstab zu betrachten wäre. [19]
Dass das Recht auf den vollen Arbeitsertrag, wenn man es
in der Gesellschaftsordnung konsequent durchführt, zu ganz
anderen Resultaten führt, wird der weitere Verlauf dieser Darstellung ergeben. Thompson wollte eben, wie so zahlreiche
andere Socialisten, durch Aufstellung jenes ökonomischen Grund-
rechts bloss die Unrechtmässigkeit des arbeitslosen Einkommens
und des individuellen Privateigentums erweisen; dagegen hin-
derten ihn seine kommunistischen Ansichten, welche er von
Owen übernommen hatte, auch die positiven Konsequenzen
jenes Rechts zu ziehen.

Der Gedanke, dass das arbeitslose Einkommen (der Mehrwert, die Rente), welches die besitzenden Klassen in der Form
von Grundrente und Kapitalgewinn ohne eigene Arbeit beziehen, ein ungerechter Abzug ist, welchen der Grund- und
Kapitaleigentümer nur kraft seiner gesetzlichen Machtstellung
von dem Arbeitsertrage zu machen in der Lage ist, wurde
auch in der späteren socialistischen Litteratur Englands un-
zählige Male ausgesprochen, wenngleich der Ausdruck „Mehrwert" sich bei den nachfolgenden Schriftstellern, soviel ich
sehe, nicht behauptet hat.

Es ist nicht möglich, die zahllosen Schriften und Zeitungsartikel, welche die von Godwin, Hall und Thompson gefundenen Gedanken näher ausführten, hier im Einzelnen dar-
zulegen und ich muss mich deshalb auf die Erwähnung der
vom theoretischen Standpunkt wichtigsten Erscheinungen beschränken.

Mit grosser Entschiedenheit wird der oben präzisierte

---

[19] Vgl. Thompson, Practical Directions S. 7; The time employed
must be the measure of exertion.

Standpunkt von John Gray in einer im Jahre 1825 erschienenen Broschüre [20] vertreten, deren scharfe Kritik vielfach an die Schriften des ein halbes Menschenalter später auf-
tretenden Proudhon erinnert. Die praktischen Vorschläge
zur Beseitigung der Uebelstände unserer heutigen Gesellschaftsordnung hat Gray in einer Reihe von später erschienenen
Werken gemacht. [21] Ferner ist zu nennen: Edmonds, welcher
den Gegensatz zwischen Arbeitslohn und arbeitslosem Einkommen mit grösserer Klarheit als irgend einer seiner Vorgänger formuliert hat. [22] Aus der späteren Zeit sind noch
die Schriften von J. F. Bray [23] und etwa auch von Charles
Bray [24] zu erwähnen.

[20] John Gray, A lecture on human happiness, 1825 (bes. S. 20,
39, 50, 52—53, 70). Diese sehr wenig bekannte Schrift ist für die Entwicklung des wissenschaftlichen Socialismus von grösster Bedeutung.

[21] John Gray, The social system, 1831. Derselbe, An efficient
remedy for the distress of nations, 1842. Derselbe, Lectures on the
nature and use of money, 1848.

[22] T. R. Edmonds, Practical Moral and Political Economy, 1828,
S. 114—122.

[23] J. F. Bray, Labour's wrongs and labour's remedy; or the age
of might and the age of right, 1839 (bes. S. 33, 37, 58, 59).

[24] Charles Bray, The philosophy of necessity or the law of
consequences; as applicable to mental, moral and social science. 2 Bde,
1841 (bes. Bd. 2. S. 301 ff., 389 ff.).

§. 6. Der Saint-Simonismus.

Den französischen Socialisten des 18. Jahrhunderts ist das Recht auf den vollen Arbeitsertrag noch vollständig unbekannt. Meslier, Morelly und Mably führen zwar gegen das Eigentum eine heftige Polemik, aber dieselbe beruht auf dem Gedanken, dass dieses Rechtsinstitut die Quelle zahlreicher Laster, insbesondere des Hochmutes und des Eigennutzes ist.[1] Dass das Privateigentum dem Eigentümer eine Machtstellung gewährt, durch welche er aus dem Arbeitsertrag Anderer ein arbeitsloses Einkommen beziehen kann, dass das arbeitslose Einkommen ein Unrecht ist und Jedermann ein Recht auf

---

[1] Jean Meslier (gest. 1729 oder 1733), Le Testament, in der von Rudolf Charles in drei Bänden (Amsterdam 1864) veröffentlichten ersten Gesamtausgabe Bd. 2, S. 168 ff. Morelly, Code de la nature (1755), S. 29, 30. Mably, Doutes proposés aux philosophes-économistes sur l'ordre naturel et essentiel des sociétés politiques, 1768, S. 12 ff. Derselbe, Principes de la législation, 1776, liv. 1, ch. 3. Ueber Meslier (den man wohl als den ersten Theoretiker des revolutionären Socialismus betrachten kann) vgl. den trefflichen Aufsatz von Grünberg in der „Neuen Zeit", Jahrgang 1888, S. 337—350. Auch bei Rousseau finden sich einzelne halbsocialistische Aeusserungen ähnlicher Tendenz, die freilich mit anderen Stellen, in welchen er das Eigentum für das heiligste aller Rechte erklärt, nicht recht im Einklang stehen. Vgl. z. B. die Aeusserungen Rousseau's im Discours sur l'origine et les fondements de l'inégalité parmi les hommes, 1755 IIe partie am Anfang und im Contrat social, 1762, liv. I, 9, Note, mit seinem Artikel in der Encyklopädie „Économie politique".

den vollen Ertrag seiner Arbeit besitzt — diese Gedanken, welche in den socialistischen Systemen der späteren Zeit so häufig wiederkehren, sind dem älteren französischen Socialismus noch fremd.

Ebensowenig finde ich diese Ansichten in den Schriften Babeuf's ausgesprochen, dessen Verschwörung (1796) als der Ausgangspunkt der heutigen socialen Bewegung zu betrachten ist. Wie Babeuf in seiner erst vor kurzem vollständig gedruckten Verteidigungsrede selbst gesteht,[2] stand er unter dem Einfluss von Mably, Helvetius, Diderot (richtig Morelly)[3] und Rousseau — eine Behauptung, welche durch den Inhalt der von ihm vor und während der Verschwörung herausgegebenen Zeitschrift (Tribun du peuple), sowie auch der bei ihm aufgefundenen Papiere bestätigt wird. Babeuf bekämpft in dem Tribun du peuple[4] auf das heftigste das Eigentum, soweit es

[2] Vgl. Victor Advielle, Histoire de Gracchus Babeuf et du Babouvisme, Bd. 2, 1884, S. 43, 51, 58. In der offiziellen Ausgabe der Babeufschen Prozess-Verhandlungen vor dem Gerichtshofe in Vendôme, welche das Direktorium in vier Bänden veröffentlicht hat, ist die Schlussrede Babeuf's nur in einem kleinen Bruchstück aufgenommen. Vgl. Discours des accusateurs nationaux, défenses des accusés et de leurs défenseurs, faisant suite aux débats du procès instruit contre Drouet, Babeuf et autres, Bd. 4, S. 362.

[3] Der Code de la nature, welcher im Jahre 1755 anonym erschien, wurde lange Zeit irrtümlich Diderot zugeschrieben und sogar in eine zu seinen Lebzeiten erschienene Sammlung seiner Schriften aus dem Jahre 1773 aufgenommen. Vgl. Villegardelle in seiner Ausgabe des Code de la nature, 1841, S. 6. Auch Babeuf, der in seiner Verteidigungsrede zahlreiche Stellen aus dem Code de la nature anführt, hält Diderot für den Verfasser.

[4] Der Tribun du peuple ist eine Fortsetzung des gleichfalls von Babeuf herausgegebenen Journal de la liberté de la presse (zusammen 43 Nummern). Einen socialistischen Charakter nimmt der Tribun du peuple erst von der Nummer 34 an. Vollständige Exemplare dieser ersten socialistischen Zeitschrift gehören zu den grössten Seltenheiten der socialistischen Litteratur.

das Bedürfnis des Einzelnen überschreitet und nennt einen solchen übermässigen Besitz, ähnlich wie schon früher Brissot, [5] einen Diebstahl an den Mitbürgern. [6] Aber vom Standpunkt Babeuf's sollen nicht die Arbeitsleistungen, sondern die Bedürfnisse des Einzelnen für die Güterverteilung massgebend sein oder mit anderen Worten: Babeuf stellt sich auf den zweiten der oben (§. 1) erwähnten Standpunkte, welcher im Grossen und Ganzen mit der Anerkennung des Rechts auf Existenz gleichbedeutend ist. [7] Es ist dies auch begreiflich, wenn man erwägt, dass der Hauptzweck der Babeuf'schen Verschwörung darin bestand, neben der politischen Gleichheit auch die ökonomische (égalité réelle, égalité de fait) herbeizuführen, während in einem socialistischen Staat, der das Recht auf den vollen Arbeitsertrag anerkennt, von einer vollständigen ökonomischen Gleichheit der Staatsbürger nicht die Rede sein könnte. Die teils bei Babeuf gefundenen, teils später von Buonarroti veröffentlichten Papiere der Verschwörung stimmen vollständig mit den im Tribun du peuple ausgesprochenen Ansichten überein. [8]

Auch die socialen Systeme Saint-Simon's und Fourier's, welche den ersten Decennien des 19. Jahrhunderts angehören, kennen das Recht auf den vollen Arbeitsertrag noch nicht.

---

[5] Vgl. unten die Darstellung der Lehren Proudhon's §. 7, Note 5.

[6] Babeuf sagt im Tribun du peuple, Nr. 35 (vom 17 brumaire, an IV), S. 102: que . . . tout ce qu'un membre du corps social a *audessus* de la suffisance de ses besoins de toute espèce et de tous les jours, est le résultat d'un vol fait aux autres co-associés, qui en prive nécessairement un nombre plus ou moins grand, de sa cote-part dans les biens communs.

[7] Babeuf erwähnt im Tribun du peuple, Nr. 36, vom 20 frimaire, an IV, S. 112 beistimmend eine Aeusserung: En parlant sans cesse du droit de propriété, il nous ont ravi *celui d'exister.*

[8] Vgl. Buonarroti, Conspiration pour l'égalité, dite de Babeuf, Bd. 1 (1828) S. 208, 209; ferner das von Sylvain Maréchal verfasste, aber vom geheimen Direktorium der Verschwörung wegen einzelner

Die wichtigsten socialen Schriften Saint-Simon's wurden während der Restauration geschrieben, also in einer Zeit, wo die Gefahr vorhanden war, dass das feudal-klerikale Regiment die bürgerliche Gesellschaft, wie sie sich während der Revolution und unter der Herrschaft Napoleons ausgebildet hatte, vollständig in den Hintergrund drängen würde. Dieser Gegensatz, der mehr dem Ideenkreis des Liberalismus als jenem des Socialismus angehört, bildet nun den Mittelpunkt der Polemik, welche Saint-Simon gegen die herrschenden Zustände richtet. Als Typus der Ansichten Saint-Simon's kann ein Aufsatz gelten, welchen er zuerst im Organisateur (1819) veröffentlicht hat und der dann unter der Bezeichnung Parabole de Saint-Simon so bekannt geworden ist.[9]

Saint-Simon nimmt in dieser Parabel zunächst an, dass Frankreich plötzlich seine hervorragendsten Gelehrten, Künstler, Landwirte, Fabrikanten, Kaufleute und Banquiers verliere. Die Folge eines solchen Verlustes würde nach der Ansicht

Stellen verworfene Manifeste des Égaux in: Copie des pièces saisies dans le local que Babeuf occupait lors de son arrestation Bd. 1 (an V) S. 159, und Buonarroti a. a O. Bd. 2, S. 130 (dazu noch Bd. 1, S. 115, Note), endlich das Fragment eines Décret économique bei Buonarroti, Bd. 2. S. 305, art. 9, u. a. m. — Wie nahe damals die Uebertragung des Gleichheitsprincips auf die ökonomischen Fragen lag, geht daraus hervor, dass selbst Condorcet, der doch keineswegs ein Socialist gewesen ist, in einer unmittelbar vor seinem Tode (1794) verfassten Schrift die Andeutung macht, dass er die Gleichheit aller Menschen in Bildung und Wohlstand für das letzte Ziel aller politischen Bestrebungen hält (égalité de fait, dernier but de l'art social). Vgl. Condorcet, Esquisse d'un tableau historique des progrès de l'esprit humain, 2. Aufl. (an III), S. 329. Dieser Ausspruch Condorcet's wurde von Sylvain Maréchal dem Manifeste des Égaux als Motto vorangesetzt.

[9] Saint-Simon, L'Organisateur. livr. 1, 3. Aufl., 1819. S. 9—20. Unter dem Titel „Parabole de Saint-Simon" erscheint jener Aufsatz zuerst in den von Olinde Rodrigues im Jahre 1832 herausgegebenen gesammelten Schriften Saint-Simon's (S. 71—80) und später noch öfter.

Saint-Simon's sein, dass Frankreich sich sofort in eine seelenlose Masse (corps sans âme) verwandeln und im Verhältnis zu den rivalisierenden Nationen so lange in einem Zustande der Inferiorität verharren würde, bis die nötige Anzahl von hervorragenden Kräften auf dem Gebiete der Wissenschaft, der Kunst und des Gewerbes wieder nachgewachsen wäre.

Saint-Simon nimmt nun andrerseits an, dass in Frankreich plötzlich die königliche Familie, die höchsten Hof- und Staatsbeamten, alle höheren Geistlichen und die zehntausend reichsten Besitzer sterben würden. Er meint, dass dieser Verlust für Frankreich von gar keinen nachteiligen Folgen begleitet wäre (il n'en résulterait aucun mal politique pour l'État), da sich genug Leute finden würden, um die leer gewordenen Plätze ebensogut wie die früheren Inhaber auszufüllen.

Offenbar sind diese Ansichten, welche sich in allen gleichzeitigen und späteren Schriften Saint-Simon's in hundertfachen Variationen wiederfinden,[10] mehr radikal-politisch, als socialistisch im heutigen Sinne des Wortes. Denn Saint-Simon rechnet zu den vorzugsweise nützlichen Mitgliedern der bürgerlichen Gesellschaft auch die hervorragendsten Unternehmer auf dem Gebiete der Industrie, des Handels und der Finanz; gerade diesen aber wirft der moderne Socialismus vor, dass sie vorzugsweise aus dem Arbeitsertrage Anderer ihren Reichtum schöpfen.

Noch weniger als Saint-Simon konnte Fourier nach der ganzen Anlage seines Systems zu einer Anerkennung des Rechts

---

[10] Vgl. z. B. die beiden Broschüren Saint-Simon's: Le parti national ou industriel comparé au parti anti-national und: Sur la querelle des abeilles et frélons (zuerst erschienen im „Politique“, 10. und 11. Lieferung aus dem Jahre 1819). Derselbe, Du système industriel, 1821, S. IV ff. und passim. Derselbe, Catéchisme des industriels, Heft 1, 1823, S. 1 u. s. f.

auf den vollen Arbeitsertrag gelangen. In den socialistischen
Gemeinden Fourier's (den Phalansterien) soll der Arbeitsertrag zwischen dem Kapital, der Arbeit und dem Talent geteilt werden und zwar etwa in der Weise, dass auf das Kapital
$\frac{4}{12}$, auf die Arbeit $\frac{5}{12}$ und auf das Talent $\frac{3}{12}$ des Gesamt-
ertrages entfällt.[11] Daraus ergiebt sich, dass Fourier in
seinem Gesellschaftssystem das arbeitslose Einkommen nichts
weniger als ausschliessen will, ja er spricht es geradezu aus,
dass eine grosse Ungleichheit des Vermögens in der von ihm
vorgeschlagenen Gesellschaftsordnung unerlässlich sei.[12] Seine
Schule hat an dieser Verteilungsart, namentlich auch an dem
arbeitslosen Einkommen der Kapitalbesitzer, stets festgehalten.[13]

Dagegen ging die Schule Saint-Simon's weit über die
Ansichten ihres Meisters hinaus, welcher sich damit begnügt
hatte, in seinen zahlreichen Schriften den Gegensatz zwischen
dem unproduktiven Adel und Klerus einerseits und den produktiven Ständen (Landwirtschaft, Industrie und Handel) andrerseits hervorzuheben. Als hauptsächlichster Vertreter der neuen
Richtung, durch welche der Saint-Simonismus erst einen entschieden socialistischen Charakter im heutigen Sinne des Wortes
erlangte, kann Enfantin mit seinen nächsten Freunden gelten.
Schon im „Producteur" (1825—1826) hatte Enfantin eine
Anzahl von Artikeln veröffentlicht, in welchen er den Gegen-

---

[11] Fourier, Le nouveau Monde industriel et sociétaire. 1829.
S. 364 ff.

[12] Fourier a. a. O. S. 7, 135.

[13] Considérant, Destinée sociale Bd. 1. 2. Aufl., 1847. S. 250,
270: Bd. 2, 2. Aufl., 1849, S. 390. Hippolyte Renaud, Solidarité,
5. Aufl., 1877, S. 90. Gatti de Gamond, Réalisation d'une commune
sociétaire d'après la théorie de Charles Fourier, 1841 42. S. 180. S. R.
Schneider, Das Problem der Zeit und dessen Lösung durch die Association. 1834. S. 17 f., S. 47 ff. Albert Brisbane, Social destiny of
man: or, association and reorganization of industry. 1840, S. 345—361
u. s. f.

satz zwischen denjenigen, welche von ihrer Arbeit und jenen, welche von dem Ertrage fremder Arbeit leben (travailleurs et oisifs), als den wichtigsten hervorhob.[14] In diesen Artikeln findet sich schon die Ansicht, dass Grundrente und Kapitalgewinn eine Steuer sind, welche die Arbeiter den müssigen Grund- und Kapitaleigentümern dafür bezahlen müssen, damit diese ihnen die Produktionsmittel überlassen (Producteur, Bd. 1, S. 243, Bd. 2, S. 411). Dieser Zustand der Kapitalsklaverei (l'esclavage des capitaux) werde aber ebenso, wenn auch etwas später als die Menschensklaverei (l'esclavage de l'homme), verschwinden (Bd. 1, S. 249); doch soll dies nicht etwa durch Konfiskation der Produktionsmittel (Bd. 1, S. 564), sondern durch die fortschreitende öffentliche Meinung, welche immer mehr das Unrecht eines auf Kosten Anderer geführten müssigen Lebens einsehen werde, ferner durch die allmählige Ausbildung des Associationswesens geschehen (Bd. 4, S. 214, Bd. 1, S. 247, 561).

Es ist klar, wie nahe sich hier die Ansichten Enfantin's und jene der gleichzeitigen englischen Socialisten berühren. Ob Enfantin die Werke von Godwin, Hall und namentlich Thompson, dessen Hauptschrift vor kurzem (1824) erschienen war, gekannt hat, ist aus seinen Aufsätzen nicht zu entnehmen, da er in denselben nur Ricardo, Malthus und andere Vertreter der bürgerlichen Nationalökonomie erwähnt. Sismondi's Hauptwerk, in welchem schon die Lehre vom Mehrwert und vom arbeitslosen Einkommen vorgetragen wird (S. 5 Note 12), ist Enfantin jedenfalls bekannt gewesen, weil er im Producteur (Bd. 5, S. 94—98) eine Kritik jener Schrift veröffentlicht hat.

[14] Die wichtigsten Aufsätze von Enfantin sind: Considerations sur la baisse progressive du loyer des objets mobiliers et immobiliers, Producteur Bd. 1, 1825, S. 241—254, 555—567; Conversion morale d'un rentier Bd. 2, 1826, S. 401—411; Bd. 4, 1826, S. 213—243; Considérations sur l'organisation féodale et industrielle Bd. 3, 1826, S. 66—85.

In den Vorträgen über die Saint-Simonistische Lehre,
welche Bazard im Auftrag und unter Aufsicht des obersten
Rates der Saint-Simonisten in den Jahren 1828—1830 hielt,
ist der Standpunkt Enfantin's festgehalten und noch schärfer
accentuiert. Eine ausdrückliche Anerkennung des Rechts auf
den vollen Arbeitsertrag, wie sie sich so häufig in den Schriften
der englischen Socialisten vorfindet, ist, soviel ich sehe, in
diesen Vorlesungen nicht ausgesprochen, wohl aber ist dasselbe in dem berühmten Grundsatze der Saint-Simonisten, dass
in einem gerechten Gesellschaftszustande Jedermann nach seinen
Fähigkeiten verwendet und nach seinen Leistungen belohnt werden soll.[15] im Keime enthalten. Bazard zieht auch
aus diesem Princip sofort die Folgerung, dass das Eigentum
in seiner heutigen Gestalt, weil es die Ausbeutung der
arbeitenden Klassen durch die müssigen Grund- und Kapitalbesitzer ermöglicht, zu beseitigen und durch andere Einrichtungen zu ersetzen ist. Ueberhaupt sind in diesen Vorlesungen,
die zu den wichtigsten Denkmälern des Socialismus gehören,
schon alle modernen socialistischen Schlagworte enthalten
(s. bes. Vorl. 6—8) und die neueren Socialisten haben zu der
Kritik des auf das Privateigentum begründeten Gesellschaftszustandes, wie sie Bazard und Enfantin in diesen Vorlesungen
lieferten,[16] nur wenig hinzuzufügen vermocht.

[15] Doctrine de Saint-Simon. Exposition, première année, 1828—1829.
VIIe séance vom 11. März 1829: Si ... l'humanité s'achemine vers un
état où tous les individus seront classés en raison de leur capacité et
rétribués suivant leurs œuvres, il est évident que la propriété, telle
qu'elle existe, doit être abolie, puisqu'en donnant à une certaine classe
d'hommes la faculté de vivre du travail des autres et dans une com-
plète oisiveté, elle entretient l'exploitation d'une partie de la population
la plus utile, celle qui travaille et produit, au profit de celle qui ne
sait que détruire.

[16] Zufolge Fournel. Bibliographie Saint-Simonienne, 1833, S. 66,
70, rührt die sechste und siebente Vorlesung von Bazard, die achte von
Enfantin her.

Die in den Vorlesungen über die Lehre Saint-Simon's ausgesprochenen Grundsätze wurden von den Saint-Simonisten während der ganzen öffentlichen Wirksamkeit dieser Schule in zahllosen Zeitungsartikeln vertreten. Ich hebe hier nur einen kurzen Artikel aus dem Hauptorgan des Saint-Simonismus, nämlich dem „Globe" vom 9. Februar 1831 (S. 157) hervor, weil derselbe präcis den wesentlichen Inhalt der Saint-Simonistischen Lehre angiebt und in den socialistischen Blättern jener Zeit vielfach bemerkt und besprochen wurde.[17] Der „Constitutionnel", damals neben dem „Journal des Débats" das wichtigste liberale Tagblatt in Paris, hatte die „mystischen" Anhänger des Saint-Simonismus mit einem Anflug von Ironie erwähnt. Darauf formulierte nun der „Globe" in der oben erwähnten Nummer das Programm des Saint-Simonismus folgendermassen: Nous voulons l'abolition de tous les priviléges héréditaires, sans exception; nous voulons l'émancipation des travailleurs et la déchéance de l'oisiveté qui les ronge et les flétrit; nous voulons qu'il n'y ait honneur, considération et abondance que pour les hommes qui nourissent les nations, qui les éclairent, qui les animent de leurs inspirations, c'est à dire pour les industriels, les savants et les artistes; nous voulons que celui qui sème récolte; que les fruits du travail des classes laborieuses ne soient pas dévorés par les classes oisives qui ne font rien, qui ne savent rien, qui n'aiment qu'elles mêmes; nous voulons un ordre social complètement basé sur le principe: A chacun selon sa capacité, à chaque capacité selon ses oeuvres; nous voulons, ceci est clair, la suppression graduelle de tous les tributs que le travail paie à l'oisiveté sous les noms divers de fermage des terres, loyer des usines et des capitaux.

---

[17] Vgl. z. B. den Artikel von Fourier in der Réforme industrielle vom 22. November 1832, S. 222, ferner Abel Transon, ebenda S. 209. 212.

In diesem Programm, welches zweifellos unter dem massgebenden Einfluss Enfantin's entstand, ist zwar das Recht auf den vollen Arbeitsertrag nicht wörtlich erwähnt, wohl aber sind alle Konsequenzen, welche dieses Recht in sich schliesst, mit grosser Kürze und Klarheit ausgesprochen. Wenige Wochen später (im Globe vom 7. März 1831, S. 264) erschien von Enfantin unter dem Titel „Les oisifs et les travailleurs. — Fermages, loyers, intérêts, salaires", ein Aufsatz, in dem er den Gegensatz zwischen den besitzenden und arbeitenden Klassen im Sinne jenes Programms näher darlegt.[18] An diese Arbeiten schlossen sich im Laufe der nächsten Zeit zahlreiche Zeitungsartikel und Broschüren verschiedener Verfasser an, welche jene Grundgedanken von zum Teil sehr abweichenden Standpunkten aus beleuchteten.[19]

Durch welche praktischen Massregeln gedenkt aber der Saint-Simonismus zu bewirken, dass die arbeitenden Klassen von der Steuer, die sie an die müssigen Reichen in der Gestalt von Miete, Pacht und Darlehenszins entrichten, befreit werden? Als Ideal stellt der Saint-Simonismus eine allgemeine Verbrüderung aller Menschen (association universelle) zum Zwecke der friedlichen Arbeit hin,[20] innerhalb deren jedoch die einzelnen Staaten fortbestehen sollen. Auf den Staat, der seine

---

[18] Die von Enfantin im „Globe" in der Zeit vom 28. November 1830 bis 18. Juni 1831 erschienenen Artikel wurden später als eine Broschüre: Économie politique et Politique, in drei Auflagen publiziert.

[19] Vgl. z. B. Fournel, L'Oisif antique et l'Oisif moderne im Globe vom 21. März 1831. Derselbe, Questions sur le droit d'hérédité im Globe vom 26. Juni, 26. August und 27. September 1831, ferner Isaac Pereire, Leçons sur l'industrie et les finances in der dritten Vorlesung (Globe vom 16. und 27. September 1831, und S. 38 ff. des Separatabdruckes, welcher im Jahre 1832 erschienen ist), endlich Michel Chevalier, Politique industrielle im Globe vom 30. März 1832 und S. 29 ff. des Separatabdruckes aus dem Jahre 1832 u. a.

[20] S. die Exposition in der Ausgabe der sämtlichen Werke von Saint-Simon und Enfantin Bd. 41, 1877, S. 180, 220—221.

heutigen bureaukratisch-militärischen Formen abstreifen und der sich in eine Gesellschaft der Arbeiter verwandeln muss, ist das Erbrecht zu übertragen, während das Erbrecht der einzelnen Individuen, wie es unser heutiges Privatrecht kennt, zu beseitigen ist.[21] Durch das staatliche Erbrecht muss allmählich die ganze Masse der Produktionsmittel und der benützbaren Sachen auf friedlichem Wege an den Staat fallen. Die Staatsgewalt, welche nach der Ansicht des Saint-Simonismus eine theokratische Färbung haben soll, hat eine wirtschaftliche Centralbehörde (une banque unitaire, directrice) mit den erforderlichen Unterbehörden einzusetzen, welche über alle Reichtümer, über alle Produktionsmittel zu verfügen hätte.[22] Diese Centralbank hätte die Produktionsmittel den Fähigsten zum Zwecke der Produktion zuzuweisen,[23] doch würde diese nicht für die Rechnung der Produzenten erfolgen, welche vielmehr nur Anspruch auf ein bestimmtes Gehalt hätten.[24] Der Saint-Simonismus trachtet also seinen obersten Grundsatz, dass Jeder nach seinen Fähigkeiten verwendet und nach seinen Leistungen belohnt werden soll, durch einen schrankenlosen, theokratisch gefärbten Staatssocialismus zu erreichen.

Die Saint-Simonistische Lehre wurde bald nach ihrer Entstehung durch eine Reihe von Schriften auch in Deutschland bekannt. Ich nenne von denselben nur die Werke von Carové,[25] Bretschneider[26] und Moritz Veit.[27] In diesen Schriften sind auch die oben dargelegten Ansichten der Saint-

---

[21] Exposition a. a. O. Bd. 41. S. 243.

[22] Exposition S. 252—253. 271.

[23] Exposition S. 303, 329.

[24] Exposition S. 274.

[25] Fr. Wilh. Carové, Der Saint-Simonismus und die neuere französische Philosophie. Leipzig, 1831.

[26] K. G. Bretschneider, Der Saint-Simonismus und das Christentum, Leipzig. 1832.

[27] Moritz Veit, Saint-Simon und der Saint-Simonismus. Allgemeiner Völkerbund und ewiger Frieden. 1834.

Simonisten über das Recht auf den vollen Arbeitsertrag kurz
erwähnt.[28] Man kann deshalb wohl annehmen, dass die
deutschen Schriftsteller, welche später die Saint-Simonistischen
Theorien ohne wesentliche Abweichungen vortrugen (Rodbertus!), dieselben nicht etwa selbständig entdeckt, sondern
ihren Vorgängern entnommen haben.

[28] Carové S. 139 ff., Bretschneider S. 35 ff., Veit S. 156—178.

§. 7. Proudhon.[1]

Den Grundgedanken der Saint-Simonisten, dass jedes arbeitslose Einkommen, mag es in der Gestalt von Grundrente oder Kapitalgewinn bezogen werden, ein Unrecht gegen die arbeitenden Klassen ist, hat auch Proudhon festgehalten. Nur ist seine Kritik der bestehenden Zustände viel energischer, seine Ausdrucksweise viel schroffer als jene der Saint-Simonisten. Man merkt an dem Tone seiner Schriften sofort, dass seine Polemik schon einen mächtigen Resonanzboden in den unzufriedenen Arbeitermassen besitzt. Origineller als in seiner Kritik ist Proudhon in den praktischen Massregeln, welche er zur Beseitigung des arbeitslosen Einkommens vorschlägt, obgleich auf sein Projekt einer Volksbank, wovon unten die Rede sein wird, die Arbeitstauschbank Owen's in London (s. unten §. 8) und die Tauschbank Mazel's in Marseille (1829—1845)[2] nicht ohne Einfluss geblieben sein mögen.

Gleich zu Anfang seines ersten Hauptwerkes über das Eigentum[3] beantwortet Proudhon die Frage: „Was ist das

---

[1] Vgl. über Proudhon jetzt vorzüglich die Schrift von Karl Diehl: P. J. Proudhon. Seine Lehre und sein Leben, 1. und 2. Abt., 1888—90, besonders II, S. 35 ff., S 176; ferner Arthur Mülberger, Studien über Proudhon, 1891.

[2] Vgl. Engländer, Geschichte der französischen Arbeiter-Associationen, Bd. 4, 1864, S. 62, 76 ff., und Mazel, Code social, 1843, S 59 ff., 106 ff.

[3] P. J. Proudhon, Qu'est-ce que la propriété, ou recherches sur

Eigentum", durch die bekannte Formel: „Das Eigentum ist
Diebstahl" (La propriété c'est le vol).[1] In ähnlicher Weise hatte
sich übrigens in Betreff des Eigentums schon im Jahre 1780
der spätere Führer der Girondisten, Brissot, in seiner Schrift
über das Eigentum und den Diebstahl, ferner Babeuf in dem
Tribun du peuple geäussert.[5] Proudhon setzt das Unrecht,
welches nach seiner Ansicht in dem Bestand des Eigentums
liegt, sehr ausführlich auseinander, nennt das Eigentum mör-
derisch, tyrannisch und erklärt es aus allen diesen Gründen
für „unmöglich".[6]

Auch das Recht der Arbeiter auf den vollen Arbeitsertrag — die positive Kehrseite dieser heftigen Kritik des
Privateigentums — ist bei Proudhon klarer als bei den Saint-
Simonisten ausgesprochen. Proudhon behauptet — und er
glaubt damit etwas Neues auszusprechen — dass der Arbeiter,
selbst nach Empfang des Lohnes, ein natürliches Eigentums-

le principe du droit et du gouvernement, 1840, ferner Lettre à M. Blanqui
sur la propriété. Deuxième mémoire 1841. Avertissement aux proprié-
taires ou lettre à M. Considérant, etc., 1841. Die beiden ersten Schriften
bilden den ersten Band der sämtlichen Werke, die bei Lacroix erschienen sind.

[4] Proudhon, Oeuvres complètes Bd. 1, S. 13.

[5] Brissot, Sur la propriété et sur le vol. S. 63 des Brüsseler
Abdrucks (oben §. 3, Note 5): Si quarante écus sont suffisants pour
conserver notre existence, posséder 200 mille écus est un vol évident....
S. 64. Cette propriété exclusive est un délit véritable contre la nature....
S. 108. Le voleur dans l'état de nature est le riche, c'est celui qui a
du superflu; dans la société, le voleur est celui qui dérobe à ce riche.
— Ebenso bemerkt Babeuf, Tribun du peuple, Bd. 2, S. 102 (an IV)
que ... tout ce qu'un membre du corps social a *audessus* de la suffisance
de ses besoins de toute espèce et de tous les jours, est le résultat d'un
vol fait aux autres co-associés, qui en prive nécessairement un nombre
plus ou moins grand de sa cote-part dans les biens communs. Eine
ganz ähnliche Aeusserung findet sich auch schon bei Locke, Two treatises
of government II, 46.

[6] Proudhon, Qu'est-ce que la propriété? Ch. 4.

recht an der von ihm produzierten Sache behält.[7] Sieht
man von der unjuristischen Ausdrucksweise ab, deren sich
Proudhon hier wie an zahlreichen anderen Stellen seiner
Werke bedient, so erscheint gleich in seinem ersten Hauptwerk das Recht des Arbeiters auf den vollen Arbeitsertrag
ausgesprochen.

Eine einfache Konsequenz dieses Standpunktes ist es nun
auch, dass Proudhon in seiner Schrift über die Tauschbank[8]
(1849) alles arbeitslose Einkommen für ein Unrecht erklärt
und es als eine blosse Steuer hinstellt, welche die Grund- und
Kapitaleigentümer, ohne persönliche Gegenleistung, kraft ihrer
gesetzlichen Machtstellung von den arbeitenden Klassen ein-
heben, um diesen überhaupt nur die produktive Arbeit zu gestatten.[9] Er will in dieser Schrift die gefährliche Formel:
La propriété c'est le vol, welche er vor fast einem Jahrzehnt
aufgestellt hatte, nicht wiederholen,[10] aber er erhebt gleichwohl gegen das Eigentum mit allen seinen Konsequenzen
feierlichen Widerspruch.[11]

Proudhon ist also ein heftiger Gegner des Pivateigen-
tums in seiner heutigen Gestalt, er hält aber auch jede Gattung
der Gütergemeinschaft, auf welche der Socialismus nach seiner

---

[7] Proudhon, Bd. 1, S. 91. Voici ma proposition: Le travailleur
conserve, même après avoir reçu son salaire, un droit naturel de propriété sur la chose qu'il a produite.

[8] Proudhon, Résumé de la question sociale, banque d'échange,
1849, abgedruckt in den sämtlichen Werken Bd. 6.

[9] Proudhon a. a. O. Oeuvres complètes Bd. 6, S. 174: La propriété ... est le reto mis sur la circulation par les détenteurs de capitaux et d'instruments de travail. Pour faire lever ce reto et obtenir
passage, le consommateur producteur paie à la propriété un droit qui,
suivant la circonstance et l'objet, prend tour-à-tour les noms de rente,
fermage, loyer, intérêt de l'argent, bénéfice, agio, escompte, commission,
privilège, monopole, prime, cumul, sinécure, pot-de-vin, etc. etc.

[10] Oeuvres complètes, Bd. 6, S. 148.

[11] Oeuvres complètes, Bd. 6, S. 174.

Ansicht schliesslich hinausläuft. für utopisch und verwerflich,[12] und er will deshalb die Individualwirtschaft und die freie Konkurrenz aufrecht erhalten.[13] Die Mittel, um diese scheinbar widerstreitenden Ansichten zu vereinigen, soll ihm der Kredit bieten.

Schon in seinem Système des Contradictions économiques (1846)[14] hatte Proudhon — allerdings ziemlich dunkel — eine neue Lösung des socialen Problems in dem angedeuteten Sinne versprochen. Die Ereignisse des Jahres 1848 nötigten ihn, sein Projekt in der Form von Broschüren und Zeitungsartikeln dem Publikum vorzulegen,[15] während er ursprünglich

[12] Proudhon, Système des contradictions économiques ou philosophie de la misère, Bd. 2, 1846, ch. 12.

[13] Proudhon a. a. O. Bd. 1, 1846, ch. V., ferner die Stelle in den Oeuvres complètes Bd. 6, S. 92.

[14] Oeuvres complètes Bd. 4, S. 414 ff. (Bd. 2, S. 527 ff. der Originalausgabe aus dem Jahre 1846).

[15] Die drei Hauptschriften Proudhon's über die Lösung der socialen Frage sind: Organisation du crédit et de la circulation et solution du problème social. 1848, — Résumé de la question sociale, banque d'échange (zuerst erschienen im Représentant du peuple vom 26. April 1848 an, dann als Broschüre 1849), — Banque du peuple, suivie du rapport de la commission de délégués du Luxembourg, 1849. Diese Broschüren sind im sechsten Band der sämtlichen Werke Proudhon's abgedruckt. doch ist ein volles Verständnis der Pläne Proudhon's nur aus den Journalen, an welchen er in den Jahren 1848—50 mitwirkte (Le Représentant du peuple, Le Peuple, la Voix du peuple, Le Peuple de 1850) zu erreichen. Ausserdem ist noch die berühmte Diskussion zwischen Proudhon und Bastiat über die Unentgeltlichkeit des Kredits zu vergleichen, welche ursprünglich in der Voix du peuple vom 22. Oktober 1849 an, dann in zwei von Proudhon und Bastiat unter dem Titel Intérêt et principal, 1850, Gratuité du crédit. 1850, veranstalteten Separatabdrücken erschienen ist. Gegenwärtig ist dieser Briefwechsel in Proudhon's Oeuvres complètes, Bd. 19, und vollständiger in Bastiat's Oeuvres complètes, Bd. 5, enthalten. — Wesentlich abweichende Vorschläge zur Lösung der socialen Frage, namentlich zur Beseitigung des arbeitslosen Einkommens macht Proudhon in seiner Idée générale de la révolution au XIXe siècle, 1851, 5e étude.

die Absicht hatte, alle seine Vorschläge in einem Werk unter dem Titel: „Programme de l'association progressive, solution du problème du proletariat" darzustellen und wissenschaftlich zu begründen.[16]

Im Wesentlichen bestehen die Vorschläge darin, dass eine Tausch- oder Volksbank (Banque d'échange, banque du peuple) gegründet werden soll, welche es ermöglichen würde, zinslose Darlehen zu geben (gratuité du crédit). Diese Unentgeltlichkeit des Kredits würde dann, wie Proudhon mit Recht behauptet, zur notwendigen Folge haben, dass auch Grundrente und Kapitalgewinn verschwinden müssten.[17] Denn wer wird diese Steuern an die Grund- und Kapitaleigentümer entrichten, wenn die Unentgeltlichkeit des Kredits ihm die Möglichkeit eröffnet, sich mit einem zinslosen Darlehen Grundstücke, Häuser und Fabriken jederzeit selbst anzuschaffen? Mit anderen Worten: Ist die Unentgeltlichkeit des Kredits durch irgend eine Kombination verwirklicht, so ist damit auch das ganze arbeitslose Einkommen beseitigt und auf diese Weise die sociale Frage unter Aufrechterhaltung des Privateigentums und der Individualwirtschaft gelöst.

[16] Darimon in den Oeuvres complètes, Bd. 6, S. 136.

[17] Vgl. den neunten Brief von Proudhon an Bastiat (31. Dezember 1849), in Bastiat, Gratuité du crédit. 1850, S. 149; Proudhon, Intérêt et principal, 1850, S. 109: Si donc l'intérêt, après être tombé, pour le numéraire, à trois quarts pour cent, c'est-à-dire à zéro, puisque trois quarts pour cent ne représentent plus que le service de la Banque, tombait encore à zéro pour les marchandises; par l'analogie des principes et des faits, il tomberait encore à zéro pour les meubles; le fermage et le loyer finiraient par se confondre avec l'amortissement. Ebenso Proudhon, Le droit au travail et le droit de propriété, 1848, in den Oeuvres complètes Bd. 7, S. 208. — Durch diese auf die Unentgeltlichkeit des Kredits gerichtete Tendenz unterscheidet sich der Vorschlag Proudhon's durchgreifend von den Arbeits-Tauschbanken Owen's und Mazel's, welche nur den direkten Austausch von Waren und Dienstleistungen (ohne Vermittlung des Geldes) herbeiführen sollten. Vgl. Proudhon, Les confessions d'un révolutionnaire, 3. Aufl., 1851. S. 240 ff.

Wie aber gedenkt Proudhon einen Erfolg von so un-
absehbarer Tragweite herbeizuführen? Auf eine sehr einfache
Weise! Die Unentgeltlichkeit des Kredits wird nämlich durch
ein von der Volksbank ausgegebenes Papiergeld bewirkt, welches
den Namen Bons de circulation führt und das alle Mitglieder der
Bankgesellschaft bei Zahlungen anzunehmen verpflichtet sind.
Die Volksbank braucht die Bons nicht in klingender Münze
einzulösen, vielmehr enthält der Bon nur eine Anweisung an
die Mitglieder der Bankgesellschaft (Sociétaires et adhérents),
dem Inhaber Waren und Dienste bis zu einem bestimmten
Betrage zu liefern.[18] Die Bons de circulation unterscheiden
sich also nicht wesentlich von uneinlöslichen Bank- oder
Staatsnoten mit Zwangskurs, nur sollte eben der gesetzliche
Zwangskurs durch eine vertragsmässige Verpflichtung der
Genossen zur Annahme der Bons ersetzt werden.

Der entscheidende Punkt ist selbstverständlich, in welchem
Masse und unter welchen Bedingungen solche Bons von der
Bank an die Mitglieder abgegeben werden. Ein Höchstbetrag
der Bons wird von Proudhon nicht festgesetzt, sie waren
vielmehr nach seiner Absicht beliebig vermehrbar.[19] Was
aber die Bedingungen betrifft, unter welchen die Bank den
Teilnehmern die Bons abgeben sollte, so stehen die Statuten
der Volksbank mit den theoretischen Ausführungen Proudhon's
nicht recht im Einklang. In der Broschüre, in welcher er
die Tauschbank (Banque d'échange, später Banque du peuple)
zuerst empfahl,[20] machte er die weitestgehenden Versprechungen;

---

[18] Der wesentliche Inhalt eines solchen Bons lautet folgendermassen:
A vue, payez au porteur, contre le présent ordre, en marchandises, pro-
duits ou services de votre industrie, la somme de cinq francs, valeur
reçue à la Banque du Peuple. — A tous les adhérents de la Banque
du Peuple. (Vgl. das Formular bei Proudhon, Bd. 6, S. 309.)

[19] Oeuvres complètes, Bd. 6, S. 120 ff.

[20] Organisation du crédit et de la circulation et solution du problème social (s. oben Note 15) in den Oeuvres complètes Bd. 6, S. 89 ff.

er behauptet, durch seine Vorschläge würde dem Kredit eine
so umfassende Grundlage gegeben, dass ihn keine Inanspruch-
nahme erschöpfen könne und es werde dadurch ein Absatz
geschaffen, dem die Produktion niemals genügen werde.[21] Die
Abschaffung des Metallgeldes, der Steuern, der Zölle, der
Staats- und Hypothekarschulden sollte eine der ersten Konsequenzen des neuen Kreditsystems bilden.[22] Dass zur Erreichung dieser Zwecke die Emission einer ungeheuren Masse
von Bons erforderlich wäre, liegt auf der Hand. Wie könnte
auch sonst Proudhon annehmen, dass die Volksbank die
Unentgeltlichkeit des Kredits und die Beseitigung des arbeitslosen Einkommens (Note 17) bewirken werde?

Nach den Statuten der Volksbank sollten dagegen die
Bons vorerst nur gegen bares Geld und zur Eskomptierung
von guten Handelspapieren abgegeben werden.[23] Später sollte
die Bank zwar weniger streng vorgehen, immerhin aber bei
der Eskomptierung von Forderungen die gewöhnlich von den
Banquiers beobachteten Vorsichten anwenden.[24] Die wichtigste
dieser Vorsichten besteht aber bekanntlich darin, dass die
Kreditnehmer zahlungsfähig sein. d. h. den besitzenden
Klassen angehören müssen.

Auch die Unentgeltlichkeit des Kredits wurde durch die
Statuten der Volksbank nicht verwirklicht. Principiell war
zwar die Zinslosigkeit der von der Bank gewährten Darlehen

---

[21] Proudhon (Bd. 6, S. 90) giebt als Zweck seiner Vorschläge
an: Doubler, tripler, augmenter à l'infini le travail, et par conséquent
le produit. — Donner au crédit une base si large, qu'aucune demande
ne l'épuise, etc.

[22] Proudhon Bd. 6, S. 120 ff.

[23] Statuten der Banque du peuple vom 31. Januar 1849, Art. 31
und 32.

[24] . . . L'escompte . . . sera fait dans une proportion de plus en
plus large, sauf les précautions ordinaires prises par les banquiers, et
fixées par le règlement de la banque (Art. 32 der Stat.).

ausgesprochen.[25] vorläufig aber sollten die Bons nur gegen
Zinsen von 2% abgegeben werden. Später sollte dieser Zinsfuss herabgesetzt werden, jedoch nicht unter 1¼%, welcher
Betrag die Gebühr für die Dienstleistungen der Bank darzustellen hatte.[26]

Die Volksbank Proudhon's kam nicht zustande, weil
das erforderliche Aktienkapital (50000 fr.) nicht eingezahlt
worden war und Proudhon, wegen seiner Verurteilung zu
einer längeren Gefängnisstrafe, die Leitung des Instituts nicht
übernehmen konnte.[27] Aber wenn sie auch ins Leben ge-
treten wäre, so hätte sie die Hoffnungen ihres Urhebers gewiss
niemals erfüllt. Denn wenn die Bankleitung die Bons in
sehr grosser Menge und ohne Rücksicht auf die Zahlungs-
fähigkeit der Kreditnehmer abgab, so war eine ins Ungemessene
gehende Entwertung dieses Papieres unvermeidlich. Eskomp-
tierte dagegen die Bank nur die Forderungen von zahlungs-
fähigen Personen — und dies scheint in der That nach den
Statuten der Volksbank zuletzt die Absicht Proudhon's gewesen zu sein — so musste die Cirkulation der Bons nur
eine sehr beschränkte bleiben, die Unentgeltlichkeit des Kredits
oder gar die Beseitigung des arbeitslosen Einkommens konnte
niemals eintreten, ja die ökonomische Uebermacht der zahlungs-
fähigen, d. h. der besitzenden Volksklassen musste durch die
Volksbank (wie durch alle anderen Banken) geradezu gesteigert werden.

---

[25] Statut der Volksbank, Art. 34: D'après le principe et le but
de son institution, qui est la gratuité absolue du crédit, la Banque du
Peuple, remplaçant dans une proportion toujours croissante la garantie
du numéraire par la garantie qui résulte de l'acceptation réciproque
et préalable de son papier par tous ses adhérents, peut et doit opérer
l'escompte, et donner crédit moyennant un intérêt toujours moindre

[26] Statut der Volksbank, Art. 34, 35.

[27] Vgl. die Verlautbarung Proudhon's in seinem Journal: Le
Peuple, Nr. 144 vom 12. April 1849.

An die Stelle der kommunistischen Utopien, welche Proudhon mit so grosser Entschiedenheit bekämpft. hat er selbst also eine privatwirtschaftliche Utopie von der krassesten und augenfälligsten Undurchführbarkeit gesetzt. Niemand hat nachdrücklicher als Proudhon hervorgehoben, dass das arbeitslose Einkommen, welches die Grund- und Kapitaleigentümer beziehen, nur eine Folge der ihnen von der Rechtsordnung eingeräumten Machtstellung ist. Solange aber diese Machtstellung dauert — und Proudhon will in dieser Beziehung keine Aenderung vornehmen — kann das arbeitslose Einkommen durch keine Einrichtung des Kredits, wie fein dieselbe auch ausgesonnen sein mag, beseitigt werden.

---

§. 8. Rodbertus.

In der neuesten Zeit hat sich zwischen den Anhängern von Marx und Rodbertus ein lebhafter Streit über die Originalität der socialistischen Grundideen dieser beiden Schriftsteller erhoben. Schon Rodbertus hatte in einem seiner Briefe an Dr. Rudolf Meyer erklärt, „dass er sich heute bei Schäffle und Marx geplündert finde, ohne dass er genannt werde".[1] Und in einem anderen Briefe[2] sagt Rodbertus: „Woraus der Mehrwert des Kapitalisten entspringt, habe ich in meinem dritten socialen Briefe im Wesentlichen ebenso wie Marx, nur viel kürzer und klarer gezeigt." Andrerseits versichert uns Engels in einer von Marx selbst gebilligten Schrift, dass dieser die „grosse Entdeckung" des Mehrwertes gemacht und dass erst dadurch der Socialismus sich in eine Wissenschaft verwandelt habe.[3] Seither ist die Frage, welcher von den beiden Schriftstellern dem anderen seine wichtigsten Ansichten entlehnt hat, oft besprochen worden.[4] Die Wahr-

[1] Dr. Rudolf Meyer, Briefe und socialpolitische Aufsätze von Dr. Rodbertus-Jagetzow, Bd. 1, S. 134.

[2] Dr. Rudolf Meyer a. a. O. Bd. 1, S. 111.

[3] Engels, Streitschrift gegen Dühring, 1877/78, S. 10, 162 und S. X. der zweiten Auflage derselben Schrift (1886). Vgl. auch unten §. 9 Note 1.

[4] Vgl. Rodbertus, Vierter socialer Brief, 1884, S. XV (von Theophil Kozak); Engels, Das Elend der Philosophie, deutsche Ausgabe, 1885, S. VI; derselbe, in der Vorrede zu „Das Kapital" von

heit ist, dass sowohl Rodbertus als auch Marx ihre grundlegenden Theorien aus den älteren Socialisten und zwar der
erste vorzüglich aus Proudhon und den Saint-Simonisten, der
letztere namentlich aus William Thompson geschöpft hat.
Der ganze Prioritätsstreit, der nicht ohne einen gewissen komi-
schen Beigeschmack ist, hätte niemals entstehen können, wenn
Rodbertus und Marx sich nicht mit gleicher Sorgfalt ge-
hütet hätten, dem Publikum die Quellen ihrer Ansichten mit-
zuteilen.

Rodbertus teilt das Einkommen jedes Einzelnen in Arbeitslohn und in Rente ein, je nachdem die Bezugsberech-
tigten „entweder durch ihre unmittelbare Mitwirkung bei der
Produktion oder nur durch einen gelegentlichen Besitz dazu
berechtigt sind. Die Rente ist daher dasjenige Einkommen,
das Jemand auf Grund seines Besitzes, ohne dass er deshalb
selbst zu arbeiten brauchte, bezieht".[5] Diese Unterscheidung
findet sich und zwar fast wörtlich schon in älteren Nationalökonomen und Socialisten vor.[6]

K. Marx, Bd. 2, 1885, S. VIII u. ff. Einiges hierher Gehörige enthalten auch die Aufsätze von K. Kautsky und Schramm in den Jahr-
gängen 1884, 1885 der „Neuen Zeit". — In dem Jahrgang 1887 der
„Neuen Zeit" S. 49—62 findet sich unter dem Titel „Juristen-Socialismus"
eine heftige Kritik gegen die hier vertretenen Ansichten über den Ur-
sprung der socialistischen Grundideen, doch geht der anonyme Verfasser
viel zu wenig auf die entscheidenden litterärgeschichtlichen Fragen
ein, um eine wissenschaftliche Polemik zu ermöglichen.

[5] Rodbertus, Zur Erkenntnis unserer staatswirtschaftlichen Zustände, 1842, S. 64; Zur Beleuchtung der socialen Frage I, 1875, S. 32
(Zweiter socialer Brief an Kirchmann, 1850, S. 59).

[6] Sismondi, Nouveaux Principes d'économie politique Bd. 1,
1. Aufl., 1819, S. 104 und passim. (Oben §. 5, Note 12) T. R. Edmonds: Pratical, Moral and Political Economy, 1828, S. 114: „The
income of every individual consists either of Revenue or Wages or of
both. *Revenue is what costs the receiver no labour, it is generally derived
from property in lands, houses, money, machinery etc. Wages may be
defined to be the commodities which a man of ordinary talents, and*

Wie entsteht aber das arbeitslose Einkommen, die Rente
(Saint-Simonismus, Rodbertus), der Mehrwert (Thompson, Marx)? Der Grund dieser Erscheinung liegt nach der
Ansicht von Rodbertus in der geltenden Rechtsordnung,
speciell in dem Grund- und Kapitaleigentum. „Denn das
positive Recht, sagt Rodbertus, erklärt den Boden und das
Kapital als einzelnen Individuen ebenso eigentümlich zustehend,
als dem Arbeiter die Arbeitskraft. Dadurch sind die Arbeiter,
um nur überhaupt produzieren zu können, gezwungen, in eine
Verbindung mit den Besitzern des Bodens und des Kapitals
einzugehen und sich das Arbeitsprodukt mit diesen zu teilen ...
Diese Verbindung ändert nichts an den natürlichen produktiven
Elementen aller Güter, sondern beseitigt nur ein gesell-
schaftliches Hindernis dieser Produktion, das willkürliche quod von der Grund- und Kapitaleigentümer
und beseitigt dies durch eine Teilung des Produkts.“[7]

possessing no property or credit, receives in exchange for his labour. —
Économie politique et Politique (von Enfantin) 2. Aufl., 1832, S. 68,
69 (vgl. oben §. 6, Note 18): „Tous sentiront alors que les efforts qui
auraient pour but de réduire *l'intérêt, les loyers et les fermages, c'est-à-dire
de diminuer la rente faite par le travailleur au propriétaire oisif*, auraient,
ainsi que ceux qui favoriseraient la hausse des salaires, l'immense
avantage d'accroître l'importance sociale du travail et de déconsidérer
progressivement l'oisiveté. — H. Feugueray (Schüler des Saint-
Simonisten Buchez), L'association ouvrière industrielle et agricole, 1851,
S. 53: Ce prélèvement (der Grund- und Kapitaleigentümer) c'est ce
qu'on appelle tantôt rente de la terre, tantôt loyers, tantôt intérêts,
tantôt dividendes, et que je comprends sous ce seul mot: RENTE. Vgl.
auch die Exposition de la doctrine Saint-Simonienne, Bd. 41, S. 247
(unten Note 10): Ott (Schüler Buchez'), Traité d'économie sociale, 1851,
S. 201, und Ludwig Gall, Was könnte helfen (oben §. 2, Note 16),
S. 84, 85, 93—97. — Aus einem Aufsatz von Rodbertus aus dem
Jahre 1837 (zur Beleuchtung der socialen Frage II, S. 210) ist wohl
zu schliessen, dass er seine Rentenlehre den Saint-Simonisten entlehnt hat.

[7] Zur Beleuchtung der socialen Frage S. 45, 46 (zweiter socialer
Brief 1850, S. 82, 83.)

Gerade so und zwar fast wörtlich wird die Entstehung der Rente oder des Mehrwertes von Proudhon,[8] Louis Blanc[9] und auch schon früher von den Saint-Simonisten[10] erklärt.

Dass Grundrente und Kapitalgewinn dem einzelnen Grund- und Kapitaleigentümer nicht etwa wegen der produktiven Eigenschaften des Bodens und der Kapitalgegenstände, sondern infolge der gesetzlichen Machtstellung zufliessen, welche ihm das Grund- und Kapitaleigentum verleiht, ist der entscheidende Punkt. Die Folgerungen für die einzelnen Zweige des arbeitslosen Einkommens, insbesondere für die Grundrente einerseits, den Kapitalgewinn andrerseits, ergeben sich von selbst und Rodbertus stimmt auch in Beziehung auf beide mit Proudhon im Wesentlichen überein.[11]

Die Ansichten, welche Rodbertus über das Wesen und die Entstehung des arbeitslosen Einkommens vorträgt, sind also schon vor ihm nicht nur bei den älteren englischen Socialisten

[8] Vgl. die oben §. 7, Note 9, aus dem Résumé de la question sociale (1849) abgedruckte Stelle Proudhon's, welche Rodbertus (s. d. Text) im Wesentlichen nur übersetzt hat, und: Qu'est-ce que la propriété, 1841, S. 162 ff. (Oeuvres complètes I. 122 ff.).

[9] Louis Blanc, Organisation du travail, 9. Aufl., 1850, S. 156 ff.

[10] Exposition de la doctrine Saint-Simonienne (s. oben S. 68) in den sämtlichen Werken von Saint-Simon und Enfantin. Bd. 41. 1877, S. 247: La propriété, dans l'acception la plus habituelle du mot, se compose de richesses qui ne sont pas destinées à être immédiatement consommées, et qui donnent droit aujourd'hui à un *revenu*. En ce sens elle embrasse les fonds de terre et les capitaux, c'est-à-dire, selon le langage des économistes, le fonds de production. Revenu heisst an dieser Stelle, wie aus der Note zu derselben hervorgeht, das arbeitslose Einkommen.

[11] Vgl. Proudhon, Résumé de la question sociale (oben §. 7. Note 15), S. 12 ff., in den Oeuvres complètes VI, 158 ff., mit Rodbertus, Zur Beleuchtung der socialen Frage, I. 1875, S. 141 ff. (Dritter soc. Brief an Kirchmann, 1851, S. 147 ff.) Die erste Auflage der Schrift Proudhon's (1849) ging der ersten Auflage der socialen Briefe von Rodbertus (1850/51) unmittelbar vorher.

(§. 3—5). sondern auch von den Saint-Simonisten und von
Proudhon ausgesprochen worden. Direkt hat Rodbertus
ohne Zweifel aus den französischen Socialisten geschöpft, die
er in seinen Schriften oft erwähnt, während die älteren englischen Schriftsteller in Deutschland nur wenig bekannt geworden sind.

Fragen wir nun, welche Stellung Rodbertus zu dem
Eigentum und dem Recht auf den vollen Arbeitsertrag einnimmt, so werden wir dieselbe nur als eine sehr schwankende
und unbestimmte bezeichnen können, eine Erscheinung, die
sich übrigens bei allen konservativen Socialisten wiederholt.
Rodbertus erklärt in dem dritten socialen Brief,[12] dass er
das Erbrecht für ein gerade so wohl begründetes Recht halte
als das Eigentum, und dass er den Begriff des Eigentums für
so wohl begründet halte als überhaupt ein Recht sein kann.
Dagegen äussert sich Rodbertus in dem vierten socialen
Brief, der erst nach seinem Tod herausgegeben wurde,[13] über
die bekannte Formel Proudhon's (La propriété c'est le vol)
folgendermassen: „Wenn Grund- und Kapitaleigentum deshalb
Diebstahl ist, weil es den Produzenten einen Teil ihres Produkt-
wertes raubt, Sklaverei deshalb Mord, weil sie den Menschen
um seine freie Entwicklungsfähigkeit bringt, so herrscht selbst
in demokratischen Institutionen, die, bei Grund- und Kapitaleigentum, auch für den Arbeitslohn den ‚freien Verkehr‘ beibehalten, nicht bloss Diebstahl, sondern auch Mord. Denn
solange die Arbeiter, sogar in ihrem Produktteil, von den
Früchten der zunehmenden Produktivität ausgeschlossen sind,
werden sie auch sicherlich um ihre freie Entwicklungsfähigkeit
gebracht." Trotz aller Vorbehalte, die Rodbertus macht, ist
der Gegensatz dieser beiden Ansichten über die Berechtigung
des Grund- und Kapitaleigentums nicht zu verkennen.

---

[12] Vgl. Rodbertus, Zur Beleuchtung I. S. 145.

[13] Rodbertus, Das Kapital. Vierter socialer Brief an v. Kirchmann, 1884, S. 204. Vgl. ebenda S. 214. 215.

Uebrigens finden sich auch schon in den früheren Schriften von Rodbertus manche Andeutungen, dass er gegen die Rechtmässigkeit des Grund- und Kapitaleigentums Bedenken hatte. So wenn er erklärt. dass die Unrechtmässigkeit von Grundrente und Kapitalgewinn nach natürlichem Recht nicht zu bezweifeln sei; [14] dass das arbeitslose Einkommen (Grundrente und Kapitalgewinn) den Arbeitern durch das positive Recht entzogen und Andern zugewendet werde und dass letzteres, wie es sich von jeher mit der Gewalt koaliert habe, diese Entziehung auch nur durch fortgesetzten Zwang durchsetze; [15] dass der Eigentumsbegriff fortwährend falsches Mass und Gewicht mit sich geführt habe [16] u. s. f.

Diesem unklaren principiellen Standpunkt entsprechen auch die praktischen Vorschläge, welche Rodbertus zur Beseitigung der nachteiligsten Wirkungen des arbeitslosen Einkommens in seiner heutigen Gestalt gemacht hat. Schon in den „Fünf Theoremen" hatte Rodbertus im Anschluss an ältere Nationalökonomen und Socialisten die Ansicht aufgestellt. dass die Arbeiter infolge des Grund- und Kapitaleigentums von dem gesamten Nationaleinkommen nicht mehr erhalten als den notwendigen Unterhalt (das eherne Lohngesetz Lassalle's), während den Grund- und Kapitalbesitzern der ganze Rest in der Form von Grundrente und Kapitalgewinn zufällt. [17] Da also der Arbeitslohn eine relativ konstante Grösse ist, während die Produktivität der Arbeit infolge von

[14] Rodbertus. Zur Beleuchtung der socialen Frage I. S. 115.

[15] Rodbertus a. a. O. S. 37.

[16] Rodbertus a. a. O. S. 145. Vgl. auch: Zur Beleuchtung der socialen Frage II. 1885, S. 44.

[17] Rodbertus. Zur Erkenntnis unserer staatswirtschaftlichen Zustände, 1842, S. 72. Vgl. damit Thompson. Distribution of wealth. 1824, S. 163—173, woraus die oben §. 5. Note 10. abgedruckte Stelle entnommen ist, und die von Lassalle in seinem Arbeiterlesebuch gegebenen Nachweisungen.

Erfindungen und anderen Verbesserungen fortwährend steigt, so ist die Folge, „dass der Lohn der arbeitenden Klassen ein immer kleinerer Teil des Nationalprodukts wird."[18]

Rodbertus' Absicht ist nun nicht, wie die aller bisher erwähnten Socialisten, auf die völlige Beseitigung des arbeitslosen Einkommens gerichtet. Grundrente und Kapitalgewinn sollen vielmehr bestehen bleiben, ja im Verhältnis zur steigenden Produktivität der Volksarbeit sich noch vermehren. Nur soll zugleich auch der Arbeitslohn aus der Unbeweglichkeit, in welcher ihn das eherne Lohngesetz erhält, aufgerüttelt werden und er soll in demselben Verhältnis wie das arbeitslose Einkommen steigen.

Es handelt sich also für Rodbertus vorläufig um ein Kompromiss zwischen der bestehenden Rechtsordnung und dem Socialismus.[19] In einer späteren Zukunft würde, so glaubt Rodbertus, das private Grund- und Kapitaleigentum allerdings vollständig entfallen[20] und er hat deshalb in der erst nach seinem Tode veröffentlichten Schrift über das Kapital auch eine Darstellung seiner Vorschläge unter der Voraussetzung einer kommunistischen Rechtsordnung gegeben.[21] Hier will ich nur die Pläne ins Auge fassen, die Rodbertus in seinem Aufsatz „Ueber den Normalarbeitstag" aus dem Jahr 1871 veröffentlicht hat, da diese nach seiner Absicht die unmittelbar zu erstrebenden socialen Reformen enthalten sollen.[22]

[18] Rodbertus, Zur Beleuchtung der socialen Frage I, S. 24, II, S. 20. Derselbe, Zur Erklärung und Abhilfe der heutigen Kreditnot des Grundbesitzes, 2. (Titel-) Aufl., 1876, Bd. 2, S. 314. Dasselbe Gesetz ist auch schon von Fourier, Nouveau Monde Industriel, 1829, S. 41, 42 ausgesprochen worden.

[19] Rodbertus, Das Kapital, S. 228.

[20] Rodbertus, Das Kapital, S. 219, 221.

[21] A. a. O. S. 136—160.

[22] Der Aufsatz erschien zuerst in der „Berliner Revue", 1871, und wurde seither öfter abgedruckt. Vgl. Kozak, Rodbertus, Social-

Der wesentliche Inhalt dieser Reformvorschläge ist folgender. Der Staat hätte die Bestimmung des Preises der Lohnarbeit und der Waren nicht mehr dem freien Verkehr zu überlassen, sondern dieselbe durch ein umfangreiches Taxensystem selbst in die Hand zu nehmen. Die Preise wären aber nicht, wie gegenwärtig, in Metallgeld, sondern in Arbeitsgeld zu bestimmen. Zu diesem Zweck ist in jedem Gewerk der normale Zeitarbeitstag — resp. zu 6, 8, 10 oder 12 Zeitstunden — festzustellen und überdies muss auch noch in jedem Gewerk das normale Arbeitswerk eines solchen Zeitarbeitstages festgesetzt werden, d. h. diejenige Quantität Werk oder Leistung, die ein mittlerer Arbeiter bei mittlerer Geschicklichkeit und mittlerem Fleiss während eines solchen Zeitarbeitstages in seinem Gewerbe zu liefern im Stande ist. Dieses mittlere Mass von Leistung während eines Tages oder einer Stunde würde nun als Werteinheit dienen und nur dieses Mass würde der Arbeiter bescheinigt erhalten, gleichviel ob er darauf mehr oder weniger Zeit verwendet hat.

Da das Grund- und Kapitaleigentum, wie oben bemerkt wurde, aufrecht erhalten bleiben soll, so kann dem Arbeiter selbstverständlich nicht das volle Mass der normalen Leistung bescheinigt werden, vielmehr müssen für den Staatsbedarf, dann zu Gunsten des arbeitslosen Einkommens Abzüge stattfinden. Rodbertus nimmt an, dass von zehn Millionen normaler Werkstunden etwa nur drei Millionen auf den Arbeitslohn, eine für den Staatsbedarf und je drei, zusammen also sechs auf die Grundrente und den Kapitalgewinn zu verwenden wären. Der Arbeiter, der zehn normale Werkstunden geliefert hat, würde also unter jener Voraussetzung nur drei wirklich bescheinigt erhalten und zur Befriedigung seiner

ökonomische Ansichten, 1882, S. 8. Ich citiere hier nach dem Abdruck in den kleinen Schriften von D. Carl Rodbertus-Jagetzow, herausgegeben von Moritz Wirth, 1890, S. 337—359.

Bedürfnisse verwenden können. Natürlich müsste auch dieses Grundverhältnis zwischen den nationalen Einkommenszweigen (Arbeitslohn, Staatsbedarf, arbeitsloses Einkommen) durch die Staatsgewalt festgesetzt werden.

In diesen normalen Arbeitsstunden oder Tagen ist nun der Preis aller Waren und Dienstleistungen festzusetzen. Bei Waren ist nicht nur die unmittelbar verwendete Arbeit, sondern auch der Wert der Werkzeuge nach dem Verhältnis der Abnützung einzurechnen. Da die Produktivität der Arbeit Veränderungen unterworfen ist, folglich dasselbe Mass normaler Arbeit zu verschiedenen Zeiten mehr oder weniger Produkt erzeugt, so muss der Staat periodische Revisionen seiner Preislisten vornehmen.

Das Arbeitsgeld soll indessen das Metallgeld nicht vollständig verdrängen, vielmehr sollen beide neben einander cirkulieren. Um die Cirkulation des Arbeitsgeldes in Gang zu bringen, hätte der Staat sich dessen Emission vorzubehalten, den Arbeitgebern billigen Kredit in diesen Geldzeichen zu gewähren und Staatsmagazine und Wechselcomptoirs anzulegen, in welchen die von den Arbeitgebern zur Tilgung ihrer Darlehnsschulden zurückgezahlten Waren aufbewahrt, bez. das Arbeitsgeld gegen Metallgeld umgetauscht wird. Ein Zwangscours des Arbeitsgeldes ist von Rodbertus nicht in Aussicht genommen.

Der Vorteil, welcher aus diesen Massregeln für die arbeitenden Klassen entspringen würde, besteht nach der Absicht Rodbertus' hauptsächlich darin, dass ihnen nunmehr eine feste Quote des gesamten Nationaleinkommens (z. B. $^3/_{10}$) gesichert wäre. Während also gegenwärtig das Einkommen der arbeitenden Klassen auch bei steigender Produktivität der Arbeit durch das eherne Lohngesetz immer auf dem Niveau des notwendigen Unterhalts zurückgehalten wird, würde dasselbe in Zukunft in gleichem Masse wie das arbeitslose Einkommen steigen.

Die im Vorstehenden dargestellten Vorschläge von Rodbertus sind nicht neu. Zu wiederholten Malen ist die Feststellung des Preises der Waren und Dienstleistungen durch
die Staatsgewalt, ferner die Schaffung eines Arbeitsgeldes versucht worden.

Der erste umfassende Versuch, den Preis der wichtigsten
Lebensbedürfnisse und der Lohnarbeit durch ein Gesetz[23] zu
normieren, ist das Edikt, welches Diokletian im Jahre 301,
also kurze Zeit vor dem Sturze des heidnischen Staates, er-
lassen hat (Edictum Diocletiani de pretiis rerum venalium).[24]
Diokletian verfügt in diesem Edikt, dass die wichtigsten
Nahrungsmittel, Kleidungsstücke und Stoffe, die Lohnarbeiten
und eine Anzahl von Werkzeugen und sonstigen Gebrauchs-
gegenständen[25] in Zukunft im ganzen römischen Reich einen
bestimmten Preis haben sollen.[26] Sowohl den Verkäufer[27]
als auch den Käufer,[28] welche mit Verletzung dieser Preis-
bestimmungen einen Kauf abschlossen, ferner auch denjenigen,
welcher Lebensbedürfnisse dem Verkehr entzog und dadurch
Mangel an denselben verursachte[29] (der accapareur der fran-

---

[23] Einzelne Lohn- und Warentaxen haben bekanntlich immer be-
standen und bestehen auch noch gegenwärtig in den meisten Ländern.

[24] Ich citiere dieses berühmte Gesetz nach der von Mommsen in
den Verhandlungen der Königl. sächsischen Gesellschaft der Wissenschaften in Leipzig, philosophisch-historische Klasse, 1851, gemachten
Ausgabe.

[25] Vgl. die Uebersicht der Tarifsätze bei Mommsen a. a. O.
S. 63—80.

[26] Edict. cit. Placet igitur ea pretia, quae subditi brevis scriptura
(der in dem Gesetz enthaltene umfassende Tarif) designat, ita totius
orbis nostri observantia contineri, ut omnes intelligant egrediendi
eadem licentiam sibi esse praecisam.

[27] Edict. Diocl.: Placet, ut. siquis contra formam statuti huius
conixus fuerit audentia, capitali periculo subigetur.

[28] Edict. Diocl. cit.: Idem autem periculo etiam ille subdetur, qui
conparandi cupiditate auaritiae distrahentis contra statuta consenserit.

[29] Edict. Diocl.: Ab eius modi noxa immunis nec ille praestanitur,

zösischen Revolution), sollte Kapitalstrafe, d. h. der Tod, Bergwerksarbeit oder Deportation auf eine Insel [30] treffen. — Das Gesetz trat nach kurzer Wirksamkeit, jedenfalls nach der Thronentsagung Diokletian's (1. Mai 305) ausser Kraft, nachdem zu seiner Durchsetzung viel Blut vergossen und statt der angestrebten Billigkeit der wichtigsten Lebensbedürfnisse eine grosse Teurung bewirkt worden war. [31]

Ein zweiter Versuch, die Preise der wichtigsten Lebensbedürfnisse von Staats wegen festzustellen, ist das Maximum der französischen Revolution. [32] Mit dem Dekret vom 29. September 1793 verfügte der Konvent, dass der Preis der wichtigsten Waren und Dienstleistungen (Nahrungsmittel, Bekleidung, Metalle, gewöhnliche Lohnarbeit) [33] durch die Organe der Republik bestimmt werden solle und zwar sollte derselbe für jedes Departement in Ansehung der Waren $1^1/_3$ des Marktpreises im Jahre 1790, in betreff der Dienstleistungen dagegen $1^1/_2$ dieses Preises betragen. [34] Personen, welche mehr als das Maximum annahmen, wurden nicht nur mit einer empfindlichen materiellen Strafe bedroht, sondern sie sollten auch auf die Liste der verdächtigen Personen gesetzt und als solche be-

qui habens species victui atque usui necessarias post hoc siui temperamentum existumaverit subtrahendas; cum poena vel grauior esse debeat inferentis paenuriam quam contra statuta quatientis.

[30] L. 27, §. 2, L. 28. D. de poenis (48, 40).

[31] Lactantius, de mort. pers., c. 7. Tunc, ob exigua et vilia multus sanguis effusus, nec venale quidquam metu apparebat et caritas multo deterius exarsit, donec lex necessitate ipsa post multorum exitium solveretur.

[32] Vgl. über die allmähliche Ausbildung des Maximum namentlich Louis Blanc, Histoire de la Révolution française Bd. 11, 1861, S. 382 bis 421; Joseph Garnier im Dictionnaire d'économie politique von Guillaumin sub verbo Maximum.

[33] Eine genaue Aufzählung der objets de première nécessité giebt Art. 1 des Dekrets vom 29. September 1793, im Moniteur universel vom 1. Oktober 1793.

[34] Art. 3 und 8 des Dekrets vom 29. September 1793.

handelt werden.[35] Dies hatte nach dem Gesetz über die Behandlung der verdächtigen Personen vom 17. September 1793 die Einkerkerung bis zum Zustandekommen des Friedens zur Folge;[36] auch sonst war die Existenz solcher Personen in jener Zeit revolutionärer Aufregung auf das Schwerste bedroht. Eine notwendige Konsequenz der Gesetze über das Maximum bestand darin, dass auch diejenigen Personen, welche die oben erwähnten Waren (marchandises ou denrées de première nécessité) durch Zusammenkaufen oder Einsperren dem Verkehr entzogen oder dieselben absichtlich zu Grunde gehen liessen, als accapareurs bestraft werden mussten.[37] Die Strafe eines solchen passiven Widerstandes gegen die Gesetze über das Maximum, welcher selbstverständlich viel gefährlicher und wirksamer sein musste als der aktive, war in allen Fällen der Tod.[38]

Die Preisliste (Tableau du Maximum) kam auch wirklich in verhältnismässig kurzer Zeit zustande und trat am 21. März 1794 in Wirksamkeit.[39] Nach dem Sturze Robespierre's konnten sich die Gesetze über das Maximum nicht behaupten, und sie wurden durch das Dekret des Konvents vom 23. und 24. Dezember 1794 in ihrer Gesamtheit aufgehoben.[40]

Endlich hat auch Proudhon in der Broschüre über „die Organisation des Credits und der Cirkulation" [41] den Vorschlag

[35] Art. 7 des Dekrets vom 29. September 1793.

[36] Art. 1 und 7 des Dekrets vom 17. September 1793, im Moniteur vom 19. September 1793.

[37] Décret sur les accaparements vom 26. Juli 1793, im Moniteur vom 29. Juli 1793, Art. 2 und 3.

[38] Dekret vom 26. Juli 1793, Art. 1, 8, 9.

[39] Vgl. den Bericht Barère's in der Sitzung des Konvents vom 30. Ventôse an II (20. März 1794), im Moniteur vom 21. März 1794, Nr. 181.

[40] Dekret des Konvents vom 23. und 24. Dezember 1794, Art. 1, im Moniteur vom 24. und 26. Dezember 1794. Vgl. auch Buchez, Histoire parlementaire XXXVI, S. 207.

[41] Proudhon, Organisation du crédit et de la circulation et

gemacht. dass der Staat, um die durch die Revolution (1848) bewirkte Geschäftsstockung zu beseitigen, den Preis der Lohnarbeit und der Waren feststellen soll. Die Projekte Proudhon's sind dem Maximum der ersten Revolution sehr ähnlich, nur will er eine allgemeine Reduktion der Preise im Handel und der Industrie erzielen, wogegen die Landwirtschaft von der Preisherabsetzung nicht betroffen werden soll.

Alle diese Projekte aus alter und neuer Zeit stimmen darin überein. dass der bisherige Wertmesser (das Geld) beibehalten werden soll. Dagegen hat Robert Owen in seiner Arbeitstauschbank (Equitable Labour Exchange) lange vor Rodbertus ein Institut geschaffen. welches alle charakteristischen Merkmale der Vorschläge dieses Letzteren an sich trägt. Im September 1832 eröffnete Robert Owen seine Arbeitstauschbank, welche auf folgenden Grundsätzen beruhte:[42] Jedes Mitglied der Gesellschaft konnte in dem Magazine der Bank Waren deponieren und hatte das Recht. dafür Arbeitsgeld (labour notes)[43] nach Massgabe einer Schätzung zu empfangen.

solution du problème social, 1848, S. 17—23. Vgl. auch die Vorschläge Fichte's oben §. 2, Note 14 ff.

[42] Ueber gleichzeitige Projekte ähnlicher Tendenz vgl. Holyoake, The History of cooperation in England, Bd. 1. 1875, S. 160. Nach Noyes, History of American Socialisms, 1870, S. 95, soll der amerikanische Socialist Osiah Warren den Plan einer Arbeitstauschbank Owen bei seiner Anwesenheit in Amerika (1826) mitgeteilt haben. Warren selbst giebt in seiner Schrift: Practical Detail of Equitable Commerce Bd. 1 (1852) S. 14 ff. eine interessante Beschreibung dieses am 18. Mai 1827 in Cincinnati eröffneten Zeitladens (time-store), welcher jedoch von der Arbeitstauschbank Owen's in vielen Beziehungen abweicht.

[43] Eine mir im Original vorliegende Arbeitsnote hat im Wesentlichen folgenden Inhalt: National Equitable Labour Exchange. — To the storekeeper of the exchange. -- 22th July 1833. — Deliver to the bearer exchange stores to the value of One Hour by the order of (folgt die Unterschrift des Superintendenten und des Sekretärs).

Die Werteinheit war eine Arbeitsstunde, welche einem halben Shilling Metallgeld gleichstehen sollte.

Bei jeder Ware wurde einerseits der Wert des Rohmaterials, andrerseits die von dem Arbeiter darauf verwendete Arbeit geschätzt. Jeder Deponent erhielt nicht etwa so viel Arbeitsstunden als er an Zeitarbeit wirklich verwendet hatte, sondern jene Zeit, welche nach Ansicht der Schätzmänner ein gewöhnlicher Arbeiter auf die betreffenden Waren verwenden würde.[44] Es sollte zugleich eine Bank zur Einwechselung des Arbeitsgeldes gegen Metallgeld gegründet werden,[45] doch ist diese, so viel ich sehe, nicht zustande gekommen.[46] Da Owen die Arbeitstauschbank sofort ins Leben führen wollte, so konnte dies selbstverständlich nur in der Form einer Privatunternehmung erfolgen; Owen war aber recht wohl bekannt, dass an einen durchgreifenden Erfolg der Arbeitsbörsen nur bei staatlicher Intervention zu denken ist. Er schlug deshalb

---

[44] Booth: Robert Owen, The Founder of Socialism in England, 1869, S. 146: . . . in the exchange valuators would fix the amount of hours which in their judgment an ordinary workman would employ on each article. Dies ist offenbar die „normale" Arbeitszeit von Rodbertus und entspricht auch im Wesentlichen der „allgemeinen oder gesellschaftlich notwendigen" Arbeitszeit von Karl Marx (vgl. des letztern Schrift „Zur Kritik der politischen Oekonomie" 1. Heft, 1859, S. 9 ff., und Das Kapital, 3. Aufl., 1883, S. 6 ff.). Booth a. a. O. S. 147, und Sargant: Robert Owen, 1860, S. 309, tadeln diese Art der Schätzung, weil dadurch die Gleichheit zwischen den mehr oder minder leistungsfähigen Arbeitern aufgehoben wird. Ich bemerke, dass mir der erste Band der „Crisis", des offiziellen Organs der Arbeitstauschbank, mit den Statuten und Programmen derselben, aus welchem Booth die obige Stelle auszieht, nicht vorliegt.

[45] Sargant a. a. O. S. 306, 307.

[46] Schon am 21. Dezember 1833 (Crisis Bd. 3, S. 131) beschwert sich ein Mitglied, dass die labour notes im Volke nicht gleich 6 d., sondern nur zu 4½ d. für die Arbeitsstunde genommen werden. Dies wäre selbstverständlich beim Vorhandensein einer Umwechslungsstelle nicht möglich gewesen.

in einem am 22. Januar 1834 in der Bank abgehaltenen Meeting eine Petition an den König und die beiden Häuser des Parlaments vor, in welcher als Uebergangsmassregel auch die Errichtung von Arbeitsbörsen in jedem Dorfe von Staats wegen verlangt wurde.[47]

Die Einwendungen, welche Rodbertus in seiner Schrift über den Normalarbeitstag gegen das Projekt Owen's erhebt, sind folglich vollständig ungegründet. Rodbertus bemerkt über den Vorschlag Owen's folgendes: „Wenn man eine Stunde Schusterarbeit — nach Sonnenzeit berechnet — einer Stunde Weberarbeit — gleichfalls nach Sonnenzeit berechnet — gleichsetzt, so kann ein solches Wertsystem allerdings nicht vorwärts helfen, denn es ist dann ein allgemeines Prämiierungssystem der Faulheit, ganz abgesehen von dem in der That kindischen Versuch, ein solches System fakultativ wie eine Aktiengesellschaft gründen zu wollen."[48] — Aus der obigen Darstellung ergiebt sich, dass Owen das Wesen der normalen Arbeit und die Notwendigkeit der staatlichen Intervention lange Zeit vor Rodbertus sehr klar erkannt hat.

Ueberhaupt ist die Stellung, welche Rodbertus gegenüber dem Projekt Owen's einnimmt, für den Dilettantismus charakteristisch, mit welchem dieser in Deutschland so viel bewunderte Schriftsteller die sociale Frage behandelt hat. Rodbertus gesteht offen ein, dass er im Jahre 1842, als er die Schrift „Zur Erkenntnis unserer staatswirtschaftlichen Zustände" schrieb, von dem Versuche Owen's (1832) keine Kenntnis hatte, obgleich doch durch diesen letzteren sein Vorschlag ein Arbeitsgeld zu schaffen[49] längst anticipiert worden war. Dreissig Jahre später, als Rodbertus den Aufsatz über

[47] Crisis vom 1. Februar 1834, Bd. 3, S. 184.

[48] Rodbertus, in dem Aufsatz „Der Normalarbeitstag" in den Kleinen Schriften (1890) S. 350.

[49] Rodbertus, Zur Erkenntnis unserer staatswirtschaftlichen Zustände I, 1842, S. 164—175.

den Normalarbeitstag verfasste (1871), hatte er von der Arbeitstauschbank Owen's bereits Kenntnis erlangt, aber nur aus
Reybaud's Études sur les Réformateurs ou Socialistes mo-
dernes,[50] also aus einer Schrift, in welcher, wie jeder Fach-
mann auf den ersten Blick erkennen muss, die gröbsten Irr-
tümer nach Hunderten zählen. Natürlich musste Rodbertus
durch die ganz unrichtigen und lückenhaften Angaben Reybaud's zu falschen Schlüssen verleitet werden, da er sonst,
wie er uns selbst versichert, über die Projekte Owen's und
Anderer (trotz der so reichhaltigen Litteratur über diese Fragen)
„nichts weiter erfahren hatte".[51] Auch die Schriften Mazel's
(§. 7 Note 2), dessen Vorschläge mit jenen Rodbertus' in
den meisten Punkten übereinstimmen, scheinen ihm vollständig
unbekannt geblieben zu sein.

Fragen wir nun schliesslich, welchen praktischen Wert

---

[50] Die von Rodbertus, Kleine Schriften S. 349, citierten Ausführungen finden sich in den Études Bd. 1, 7. Aufl., 1864, S. 245.

[51] Marx und Engels sind übrigens über die Arbeitstauschbanken
— dieses für die Entwicklung der socialistischen Werttheorie entscheidende Experiment — nicht besser unterrichtet als Rodbertus. Marx
behauptet nämlich in seiner Schrift: Misère de la philosophie, 1847,
S. 82, in allem Ernst, dass die Equitable-labour-exchange-bazars durch
die im Jahre 1839 erschienene Abhandlung von J. F. Bray: Labour's
wrongs and labour's remedy hervorgerufen worden seien und Engels
lässt in der deutschen Uebersetzung der Misère de la philosophie, 1885,
S. 62, diese Notiz unter Hinzufügung einiger missverständlicher Be-
merkungen über Proudhon's Volksbank neuerdings abdrucken. In
Wirklichkeit wurden die Arbeitstauschbanken vom Jahre 1832 an ge-
gründet und waren schon geraume Zeit vor dem Jahre 1839 (z. B. die
Londoner Bank im Jahre 1834) wieder zu Grunde gegangen (vgl. die
„Crisis" vom 31. Mai und 7. Juni 1834, Bd. 4, S. 64, 71. und die Er-
zählung Owen's in: New Moral World vom 17. Oktober 1835, Bd. 1,
S. 400). Wenn die Vorschläge Bray's (a. a. O. S. 157—161 und passim)
in Beziehung auf das Arbeitsgeld eine gewisse Aehnlichkeit mit der
Arbeitstauschbank Owen's besitzen, so hat natürlich Bray aus den
Arbeiten Owen's geschöpft, nicht umgekehrt.

die Vorschläge von Rodbertus besitzen, so werden wir wohl antworten müssen, dass wir es hier mit einer offenbaren Utopie zu thun haben. Rodbertus hat seine Vorschläge, wie aus dem neuerdings publicierten vierten socialen Briefe hervorgeht, ursprünglich für ein kommunistisches Gemeinwesen ohne Privateigentum an Grund und Boden und am Kapital berechnet. Eine eingehendere Kritik seiner Vorschläge kann also erst dort geliefert werden, wo ich das Verhältnis der kommunistischen Gesellschaftsordnung zu dem Recht auf den vollen Arbeitsertrag in Betracht ziehen werde (§. 13). Hier will ich nur jene Bedenken besprechen, welche sich ergeben, wenn man sich jene Vorschläge in einem Gesellschaftszustand durchgeführt denkt, in welchem das individuelle Grund- und Kapitaleigentum noch fortbesteht.

In einem solchen Gesellschaftszustand würde die Preisbestimmung aller Waren und Dienstleistungen durch den Staat, gleichviel ob dieselbe in Metall- oder in Arbeitsgeld erfolgt, in einem fortwährenden Widerspruch mit den wirtschaftlichen Interessen aller grossen und kleinen Unternehmer auf dem Gebiete der Landwirtschaft, des Gewerbes und des Handels stehen. Gerade diese zahllosen selbständigen Unternehmer bilden in einem Staat mit individuellem Grund- und Kapitaleigentum die entscheidende Macht, welche durch den äussersten staatlichen Terrorismus wohl zeitweilig gebeugt, aber, so lang das Privateigentum besteht, niemals gebrochen werden kann. Dies hat sich bei der Durchführung des Diokletianischen Edikts und des Maximum während der französischen Revolution klar genug gezeigt, obgleich eine gesetzliche Preisbestimmung in Metallgeld sich viel leichter durchführen lässt, als eine mehr oder weniger willkürliche Preisbestimmung in durchschnittlicher Arbeitszeit. Und doch haben Diokletian und die Terroristen der französischen Revolution die Durchführung ihrer Dekrete durch Lebens- und Kerkerstrafen zu erzwingen gesucht.

Man darf auch nicht vergessen, dass eine allgemeine Bestimmung des Preises der Waren und Dienstleistungen durch
den Staat es zugleich notwendig macht, den Unternehmern
die Verpflichtung zum Verkaufe der entbehrlichen Produkte
aufzulegen, weil sie sonst durch ihre blosse Passivität die gesetzliche Preisliste ad absurdum führen könnten. Thatsächlich
haben auch die Gesetze Diokletian's und der französischen
Revolution über denjenigen, welcher entbehrliche Produkte
zurückbehielt (den accapareur) ebenso strenge, ja strengere
Strafen verhängt als über jene, welche die gesetzliche Preisliste verletzt hatten. Dass aber ein Zustand, in welchem
die staatlichen Organe den Unternehmern vorschreiben können,
was sie zu verkaufen haben, die Freiheit und Selbständigkeit
der Individualwirtschaft vollständig vernichtet und alle Nachteile des Privat- und Kollektiveigentums vereinigt, liegt auf
der Hand. Wahrscheinlich wäre deshalb das Römische Reich
und Frankreich, wenn die bestehenden Machtverhältnisse eine
Fortdauer jenes Zustandes gestattet hätten, sehr bald zum
reinen Kollektiveigentum übergegangen.[52]

[52] Ueber die Frage, ob bei Aufrechterhaltung der Individualwirtschaft eine staatliche Fixierung des Preises der wichtigsten Lebensbedürfnisse möglich und nützlich sei, kann noch heute die Diskussion
des französischen Konvents über die Aufhebung des Maximum vom
23. und 24. Dezember 1794 (im Moniteur vom 26. und 27. Dezember 1794)
mit Nutzen gelesen werden. Freilich wird der Wert dieser Debatten
durch den reaktionären Fanatismus, der sich in fast allen Reden offen-
bart, beträchtlich vermindert.

§. 9. Marx.

Während Rodbertus im Wesentlichen die Gedanken der französischen Socialisten, namentlich der Saint-Simonisten und Proudhon's wiedergiebt, steht Marx vollständig unter dem Einfluss des älteren englischen Socialismus, insbesondere William Thompson's. Sieht man von den zahlreichen mathematischen Formeln ab, die Marx in die Darstellung einmischt und welche die Sache mehr verdunkeln als aufklären, so ist die ganze Mehrwertstheorie: der Begriff des Mehrwertes, seine Bezeichnung und die Ansichten über die Höhe desselben im Wesentlichen den Schriften Thompson's entnommen.[1] Nur

[1] Vgl. Marx, Das Kapital, 1. Bd., 3. Aufl., 1883, S. 125, 193 ff. mit William Thompson, Distribution of wealth, S. 163 ff. (2. Aufl., S. 125 ff.). Engels, der noch in seiner Streitschrift gegen Dühring, 1877, S. 10, 162, und in seiner Broschüre „Die Entwicklung des Socialismus von der Utopie zur Wissenschaft", 1882, S. 27, Marx als Entdecker des Mehrwerts pries und von dieser epochemachenden Entdeckung die Entstehung des wissenschaftlichen Socialismus datierte, scheint nunmehr in der Vorrede zum zweiten Bande des „Kapital", 1885, S. XIV, zugeben zu wollen, dass Marx in Beziehung auf seine Mehrwertstheorie schon unter den älteren englischen Socialisten Vorgänger gehabt hat. Doch bezweifle ich, dass Marx seine Ansichten über diese Frage aus der von Engels citierten Broschüre „The Source and Remedy of the National Difficulties", London, 1821, die nur einige schwache Andeutungen der Mehrwertstheorie enthält, entlehnt hat. Die wahren Entdecker des Mehrwertes sind Godwin, Hall und namentlich William Thompson (oben §. 3—5). Marx selbst hat die Quellen seiner Ansichten, ähnlich wie Rodbertus, verschwiegen, obgleich er

zieht Marx. dem Zweck seines Werkes entsprechend, vorzugsweise die eine Form des arbeitslosen Einkommens (den Kapitalgewinn) in Betracht, und es fehlt auch die notwendige Ergänzung der Mehrwertstheorie, nämlich eine rechtsphilosophische Kritik des Privateigentums an den Produktionsmitteln und den benützbaren Sachen, ferner eine gründliche Darlegung des Rechts auf den vollen Arbeitsertrag. In allen diesen Richtungen wird Marx von Thompson weit übertroffen. weshalb die Schrift des Letzteren als das Fundamentalwerk des Socialismus gelten kann.

In Beziehung auf die praktischen Massregeln zur Beseitigung des Mehrwertes steht dagegen Marx und sein Freund Engels auf einem eigentümlichen Standpunkt. In dem kommunistischen Manifest, welches noch der Epoche vor der Revolution des Jahres 1848 angehört, machen beide eine Reihe von Vorschlägen, welche fast ohne Ausnahme der älteren socialistischen Litteratur entlehnt sind.[2] Einzelne dieser Mass-

---

sonst mit Citaten nicht eben sparsam ist. Vgl. noch Böhm-Bawerk, Kapital und Kapitalzins, Bd. 1. 1884. S. 361 ff.; Gustav Gross: Karl Marx, 1885, S. 57 ff., S. 79 ff.; Schramm in der „Zukunft", 1878, S. 129 und jetzt namentlich Diehl in seiner Schrift über Proudhon, passim, bes. 2. Abt. (1890) S. 269 ff.

[2] Vgl. das kommunistische Manifest. 3. Aufl., 1883, S. 17 (S. 20 der Originalausgabe vom Februar 1848): „Für die vorgeschrittensten Länder werden die folgenden Massregeln ziemlich allgemein in Anwendung kommen können: 1) Expropriation des Grundeigentums und Verwendung der Grundrente zu Staatsausgaben; 2) Starke Progressivsteuer; 3) Abschaffung des Erbrechts; 4) Konfiskation des Eigentums aller Emigranten und Rebellen; 5) Centralisation des Kredits in den Händen des Staates durch eine Nationalbank mit Staatskapital und ausschliesslichem Monopol; 6) Centralisation des Transportwesens in den Händen des Staates; 7) Vermehrung der Nationalfabriken. Produktionsinstrumente, Urbarmachung und Verbesserung der Ländereien nach einem gemeinschaftlichen Plan; 8) Gleicher Arbeitszwang für Alle, Errichtung industrieller Armeen, besonders für den Ackerbau; 9) Vereinigung des Betriebs von Ackerbau und Industrie. Hinwirken auf die

regeln, namentlich die Expropriation des Grundeigentums, die Abschaffung des Erbrechts, die Konzentration des Kredit- und Transportwesens, dann eines Teils der Industrie in den Händen des Staates verfolgen auch augenscheinlich den Zweck, das arbeitslose Einkommen wenigstens der Hauptsache nach zu beseitigen. Später haben Marx und Engels einzelne dieser Vorschläge wiederholt, z. B. wenn Marx[3] vorhersagt, dass die Reichen, wenn die Konzentration der Produktionsmittel in ihren Händen den höchsten Grad erreicht hat, ihrerseits durch eine revolutionäre Schilderhebung des Volkes expropriiert werden. Dieselbe Ansicht spricht auch Engels aus, indem er es als eine Notwendigkeit bezeichnet, dass das Proletariat nach Eintreten der ökonomischen Vorbedingungen die Staatsgewalt ergreift und die Produktionsmittel in Staatseigentum verwandelt.[4] Beide Schriftsteller stehen also, in Beziehung auf den wichtigsten Punkt, noch auf demselben Standpunkt wie im Jahre 1848, nur hat sich inzwischen die Expropriation des Grundeigentums in eine Konfiskation aller Produktionsmittel verwandelt.

Im Wesentlichen dieselben Ansichten werden von jenen Schriftstellern und Körperschaften vertreten, welche man zu der Partei der beiden genannten Socialisten zählen kann. So beschloss der Kongress der Internationale von Brüssel im Jahre 1868, dass die wichtigsten Zweige der Urproduktion, nämlich der Acker- und der Bergbau, kommunistisch betrieben, d. h. dass die Bergwerke und das Ackerland im Eigentum des Staates sich befinden und von Arbeiterassociationen bewirtschaftet werden sollen (gemeinsames Eigentum und ge-

---

allmähliche Beseitigung des Unterschieds von Stadt und Land; 10) Oeffentliche und unentgeltliche Erziehung aller Kinder, Beseitigung der Fabrikarbeit der Kinder in ihrer heutigen Form. Vereinigung der Erziehung mit der materiellen Produktion u. s. w.

[3] Marx, Das Kapital. 3. Aufl., S. 790.

[4] Engels, Die Entwicklung des Socialismus. S. 42.

meinsame Nutzung). Andrerseits aber beschloss der Kongress —
und dieser Beschluss steht mit dem vorhergehenden, wie sich
weiter unten (S. 13) ergeben wird, nicht im vollen Einklang —
dass der Arbeit ihr volles Recht und ihre ganze Belohnung
bleiben muss, und dass demgemäss alle im Namen des Kapitals
beanspruchten Abzüge, sei es in der Form von Rente, Zinsen,
Gewinn oder in irgend einer anderen Weise, zu verwerfen sind.[5]

Auf dem Kongress der Internationale von Basel im
Jahre 1869 wurde die Frage nochmals einer Erörterung unter-
zogen. Auch dieser Kongress erklärte, dass die Gesellschaft
das Recht hat, das Privateigentum an Grund und Boden auf-
zuheben und diesen der Gemeinschaft zuzuweisen. Diese Zuweisung des Bodens an die Gemeinschaft wurde ferner als
eine Notwendigkeit erklärt.[6] Dagegen konnte man sich über
die Frage nicht einigen, ob das gemeinsame Eigentum auch
gemeinsam benutzt werden soll, oder ob die Gesellschaft Stücke
des gemeinschaftlichen Bodens Privatpersonen und einzelnen
Arbeiterassociationen zur temporären Sondernutzung zuweisen
darf.[7] Diese Frage wurde auf den nächsten Kongress verschoben, kam jedoch nicht mehr zur Entscheidung, weil auf
dem Kongress im Haag (1872) die bekannte Spaltung der
Internationale eintrat.

[5] Vgl. Troisième Congrès de l'Association Internationale des Travailleurs. Compte rendu officiel, Bruxelles, 1868, S. 40, 45. Die Beschlüsse dieses Kongresses sind übrigens infolge des Gegensatzes zwischen
den Anhängern Proudhon's und Marx' ziemlich unklar und wider-
spruchsvoll.

[6] Die beiden Beschlüsse lauten nach dem Compte rendu du
IVe congrès international, tenu à Bâle, en septembre 1869 (Brüssel,
1869), S. 89, 90: I° Le Congrès déclare que la société a le droit d'abolir
la propriété individuelle du sol et de faire entrer le sol à la commu-
nauté; II° Il déclare encore qu'il y a aujourd'hui nécessité de faire
entrer le sol à la propriété collective. Gegen diese Beschlüsse Adolf
Wagner, Die Abschaffung des privaten Grundeigentums. 1870.

[7] Compte rendu S. 72.

Die Beschlüsse der Internationale waren auch für die Arbeiterkongresse der einzelnen Länder von massgebender Bedeutung. Der allgemeine deutsche socialdemokratische Arbeiterkongress. welcher in Eisenach am 7.—9. August 1869 (also vor der Versammlung der Internationale in Basel) abgehalten wurde, beschränkte sich noch darauf. auszusprechen, dass die „ökonomische Abhängigkeit des Arbeiters von dem Kapitalisten die Grundlage der Knechtschaft in jeder Form bildet. und dass deshalb die socialdemokratische Partei unter Abschaffung der jetzigen Produktionsweise (Lohnsystem), durch genossenschaftliche Arbeit den vollen Arbeitsertrag für jeden Arbeiter erstrebt".[8] Das sogen. Eisenacher Programm sprach sich also, obgleich der Kongress von Brüssel (s. oben) bereits ein Jahr früher stattgefunden hatte, nur für das Recht auf den vollen Arbeitsertrag und für die genossenschaftliche Arbeit im Allgemeinen aus, ohne jedoch in die Mittel. durch welche dieses Ziel erreicht werden soll, näher einzugehen. Erst der Kongress der socialdemokratischen Arbeiterpartei in Stuttgart vom 4.—7. Juni 1870 erklärte im Anschluss an die Beschlüsse der Internationale in Brüssel und Basel. „dass die ökonomische Entwicklung der modernen Gesellschaft es zu einer gesellschaftlichen Notwendigkeit machen wird. das Ackerland in ein gemeinschaftliches Eigentum zu verwandeln und den Boden von Staats wegen an Ackerbaugenossenschaften zu verpachten. welche verpflichtet sind. das Land in wissenschaftlicher Weise auszubeuten und den Ertrag der Arbeit nach kontraktlich geregelter Uebereinkunft unter die Genossenschafter zu verteilen. . . . Als Uebergangsstadium von der Privatbewirtschaftung des Ackerlandes zur genossenschaftlichen Bewirtschaftung forderte der Kongress, mit den Staatsdomänen,

---

[8] Protokoll über die Verhandlungen des Allgemeinen deutschen socialdemokratischen Arbeiterkongresses in Eisenach am 7., 8. und 9. August 1869. Leipzig, 1869, S. 29—32.

Schatullengütern, Fideikommissen, Kirchengütern, Gemeinde-
ländereien, Bergwerken, Eisenbahnen u. s. f. zu beginnen, und
er erklärte sich deshalb gegen jede Verwandlung des oben
angeführten Staats- und Gemeindebesitzes in Privatbesitz". [9]

Dass diese Kundgebungen der socialistischen Partei den
angestrebten Gesellschaftszustand klar und bestimmt erkennen
lassen, wird man schwerlich behaupten können. Selbst die
Fundamentalfrage des Socialismus, ob das Recht auf den vollen
Arbeitsertrag, oder das Recht auf Existenz die Grundlage der
künftigen Rechtsordnung bilden soll, erscheint durch diese
Beschlüsse nicht beantwortet. Erst das sogen. Gothaer Programm, welches in dem am 23.—26. Mai 1875 abgehaltenen
Kongresse beschlossen wurde, und das noch gegenwärtig die
Grundlage der socialistischen Bewegung in Deutschland bildet,
ist mit grösserer wissenschaftlicher Präcision abgefasst. Der
wesentliche Inhalt dieses Programmes lässt sich so zusammenfassen, dass die deutsche socialistische Partei das Recht auf
Existenz, die Verteilung nach dem Bedürfnis als Grundlage
der künftigen socialen Ordnung betrachtet.

Als Fundamentalsatz stellt nämlich das Gothaer Programm
die Ansicht auf, dass die Arbeit die Quelle alles Reichtums
und aller Kultur ist, und dass das gesamte Arbeitsprodukt, da allgemein nutzbringende Arbeit nur durch die
Gesellschaft möglich ist, der Gesellschaft, d. h. allen
ihren Gliedern, bei allgemeiner Arbeitspflicht,
nach gleichem Recht, jedem nach seinen vernunftgemässen Bedürfnissen gehört. Das Arbeitsprodukt
soll also nicht, wie in der notwendigen Konsequenz des Rechtes
auf den vollen Arbeitsertrag liegt, dem Arbeiter, sondern der
Gesellschaft gehören und von dieser jedem Einzelnen nach

---

[9] Protokoll über den ersten Kongress der socialdemokratischen
Arbeiterpartei in Stuttgart vom 4. bis 7. Juni 1870. Leipzig, 1870.
S. 16—18.

Massgabe seiner vernunftgemässen Bedürfnisse zugewiesen
werden (s. oben S. 1).

Um die Lösung der socialen Frage anzubahnen, fordert
die socialistische Arbeiterpartei Deutschlands in dem Gothaer
Programm die Errichtung von socialistischen Produktivgenossenschaften mit Staatshilfe unter der demokratischen Kontrolle
des arbeitenden Volkes. Die Produktivgenossenschaften sind
für Industrie und Ackerbau in solchem Umfang ins Leben
zu rufen, dass aus ihnen die socialistische Organisation der
Gesamtarbeit entsteht. Als Uebergangsmassregel zu der rein
kommunistischen Gesellschaftsordnung wird also die Durchführung der von Louis Blanc und Ferd. Lassalle gemachten
Vorschläge empfohlen. [10]

Auf dem ersten Kongress der socialdemokratischen Partei
Deutschlands, welcher nach Aufhebung des Socialistengesetzes
vom 12. bis 18. Okt. 1890 in Halle stattfand, wurde die Re-
formbedürftigkeit der soeben dargestellten Bestimmungen wie
auch des ganzen Programms von allen Seiten anerkannt, jedoch
die Vornahme der erforderlichen Veränderungen auf den nächsten
Parteikongress verschoben. [11]

Die französische Arbeiterbewegung nahm gleich von vornherein den Faden dort auf, wo ihn die deutsche hatte fallen
lassen. Der dritte französische Arbeiterkongress in Marseille

---

[10] Vgl. über das Gothaer Programm und die damit zusammen-
hängenden Fragen Liebknecht, Die Grund- und Bodenfrage, 2. Aufl.,
1876, S. 183, 184; Bebel, Unsere Ziele, 9. Aufl., 1886, S. 23, 29, 30;
Derselbe, Die Frau in der Vergangenheit, Gegenwart und in der Zukunft, 1883, S. 148, 149; Schäffle, Die Quintessenz des Socialismus,
7. Aufl., 1879, S. 2 ff., S. 44 ff.; Hermann Bahr, Die Einsichts-
losigkeit des Herrn Schäffle, 1886, S. 78 ff. u. a. m.

[11] Vgl. das Protokoll über die Verhandlungen des Parteitages der
socialdemokratischen Partei Deutschlands, 1890, S. 157 ff. Aus den
Verhandlungen ist namentlich die Rede Liebknechts hervorzuheben,
welche einen klaren Einblick in die geistigen Strömungen der socialistischen Arbeiterpartei Deutschlands gewährt.

(1879) verlangte die Einziehung des Bodens, der Maschinen, Transportwege, Gebäude und angesammelten Kapitalien zu Gunsten des Menschengeschlechtes, und erklärte ferner, dass diese Einziehung der Arbeitsmittel und Produktionskräfte mit allen möglichen Mitteln angestrebt werden muss.[12]

Fasst man diese Darstellung zusammen, so kann Folgendes als die gemeinsame Ansicht des modernen Socialismus gelten. Die socialistischen Parteien der Gegenwart bekämpfen das Privateigentum an den Produktionsmitteln und den benützbaren Sachen ebenso wie das arbeitslose Einkommen (Rente, Mehrwert) und sie erkennen ganz allgemein das Recht auf den vollen Arbeitsertrag in der negativen Bedeutung dieses Wortes (s. unten §. 13) an, nämlich so weit als dadurch die Berechtigung von Grundrente und Kapitalgewinn verneint wird. Eine blosse Konsequenz dieser Ansichten ist, dass der moderne Socialismus die Verwandlung des Privateigentums an den Produktionsmitteln und den benützbaren Sachen in gemeinsames Eigentum verlangt.

Dagegen sind die socialistischen Parteien der Gegenwart über das Fundamentalprincip des Socialismus, ob die Grundlage der künftigen Gesellschaftsordnung das Recht auf den

[12] Vgl. Rapports et Résolutions des Congrès Ouvriers de 1876 à 1883, Paris 1883, S. 7, 8; Le Congrès ... conclut à l'expropriation collective des sol, sous-sol, machines, voies de transport, bâtiments, capitaux accumulés, au bénéfice de la collectivité humaine: Le Congrès déclare que l'appropriation collective de tous les instruments de travail et forces de production doit être poursuivie par tous les moyens possibles. Bis zum Kongress von Marseille standen die Arbeiterkongresse in Beziehung auf das Privateigentum auf dem konservativen Standpunkt; noch der Kongress von Lyon (1878) hatte einen Beschluss, welcher sich für die Anerkennung des Rechts auf den vollen Arbeitsertrag und für das Kollektiveigentum an den Produktionsmitteln aussprechen sollte, mit grosser Majorität abgelehnt. Vgl. Mermeix, La France socialiste, 1886, S. 80–86, und über die englische Arbeiterbewegung unten §. 12, Note 26 ff.

vollen Arbeitsertrag oder das Recht auf Existenz bilden soll,
noch zu keiner festen, übereinstimmenden Ueberzeugung gelangt. Ebensowenig besteht Uebereinstimmung über die Frage,
wer in Zukunft das Subjekt dieses gemeinsamen Eigentums
sein soll. Sollen im socialistischen Staat Arbeiterassociationen
das Eigentum der Produktionsmittel und der benützbaren
Sachen haben und dasselbe gemeinsam benützen (Gruppensocialismus)? Oder soll dieselbe Aufgabe der Gemeinde, dem
Staat oder gar, wie der Kongress von Marseille will (Note 12),
der gesamten Menschheit zufallen (Gemeinde-, Staats-, Weltsocialismus)? Oder soll eine Kombination dieser verschiedenen
Standpunkte stattfinden, z. B. in der Weise, dass der Staat
oder die Gemeinde das Eigentum der Produktionsmittel hat,
diese aber einzelnen Personen oder Associationen zur individuellen Benützung und Bewirtschaftung hingiebt? Auf alle
diese Fragen geben die neueren socialistischen Schriften und
die Beschlüsse der socialistischen Kongresse nur unbestimmte,
vielfach im Widerspruch stehende Antworten.

Dieser Mangel wird gewiss zum Teil durch die Schwierig-
keit jener Fragen verursacht, weil es sich hier um vorherr-
schend juristische Probleme handelt, während die Durch-
forschung des socialistischen Gedankenkreises vom juristischen
Standpunkte bisher noch nicht einmal versucht worden ist.
Aber von noch grösserem Einflusse auf diese Haltung des
modernen Socialismus waren ohne Zweifel die Ansichten von
Marx und Engels, welche das Wesen des wissenschaftlichen
Socialismus (im Gegensatz zu dem utopistischen von Saint-
Simon,[13] Fourier und Owen) in einer kritischen Darlegung

---

[13] Durchaus unrichtig ist es, wenn Engels Saint-Simon (der von
seiner Schule genau unterschieden werden muss) als Utopisten bezeichnet,
vgl. die Streitschrift gegen Dühring, S. 219, 223, Die Entwicklung
des Socialismus von der Utopie zur Wissenschaft S. 11 ff. In den
Schriften Saint-Simon's finden sich zwar, gerade so wie bei Marx und
Engels, einzelne Vorschläge zur Reform der Gesellschaft, aber eine

des gegenwärtigen ökonomischen Zustandes in seinem geschichtlichen Zusammenhang und der daraus sich ergebenden principiellen Massregeln (s. oben S. 101) erkennen, dagegen jede nähere Darlegung der zu erstrebenden Gesellschaftsordnung als Utopie verwerfen. Die Aufgabe des wissenschaftlichen Socialismus, sagt Engels, war nicht mehr, ein möglichst vollkommenes System der Gesellschaft zu verfertigen, sondern den geschichtlichen ökonomischen Verlauf zu untersuchen, dem das Proletariat und die Bourgeoisie und ihr Widerstreit mit Notwendigkeit entsprungen, und in der dadurch geschaffenen ökonomischen Lage die Mittel zur Lösung des Konflikts zu entdecken ... Der bisherige Socialismus (vor Marx) kritisierte zwar die bestehende kapitalistische Produktionsweise und ihre Folgen, konnte sie aber nicht erklären, also auch nicht mit ihr fertig werden. All dies habe erst Marx durch seine „Entdeckung" des Mehrwertes geleistet.[11]

Ich halte eine solche Darstellung eines vollkommenen Gesellschaftszustandes nicht nur für durchaus wissenschaftlich, sondern geradezu für unerlässlich, wenn die socialistische Bewegung ihre Ziele auch nur zum Teile erreichen soll. Eine unwissenschaftliche Utopie ist nur dann vorhanden, wenn man bei der Entwerfung des künftigen socialen Systems von der Ansicht ausgeht, dass die Menschen nach Einführung der neuen socialen Ordnung von wesentlich anderen Triebfedern geleitet, oder dass eine andere Verkettung von Ursache und

Utopie, d. h. eine ins einzelne gehende Darstellung des künftigen Gesellschaftszustandes, wird man bei ihm vergebens suchen. Erst der Saint-Simonismus hat in der Exposition de la doctrine Saint-Simonienne (s. oben §. 6) ein solches Bild der künftigen socialen Ordnung geschaffen. Auch Owen kann man nur sehr uneigentlich einen Utopisten nennen.

[14] Engels, Die Entwicklung des Socialismus. S. 26, 27. Engels folgt in dieser Richtung dem „Kleinbürger" Proudhon, der in seinem Système des contradictions économiques, Bd. 2, S. 330 ff., gleichfalls alle bisherigen kommunistischen Systeme als Utopien verworfen hat.

Wirkung stattfinden wird, als in unserem gegenwärtigen Zustand. Diese zwei Grundregeln haben nun freilich ältere und
neuere Socialisten — Engels[15] selbst nicht ausgenommen —
vielfach ausser Acht gelassen. Ich erinnere nur an Cabet.[16]
welcher das Gefühl der Brüderlichkeit als die einzige Trieb-
feder wie auch als den einzigen Zweck seines socialen Systems
erklärte, obgleich er sich doch unmöglich verhehlen konnte,
dass die bisher gemachten Erfahrungen von der menschlichen
Natur eine solche unbedingte Herrschaft der Brüderlichkeit
auch im kommunistischen Staat nicht erwarten lassen. Oder
ich erinnere an Fourier und an Pierre Leroux,[17] welche

[15] So äussert sich Engels in seiner Streitschrift gegen Dühring,
S. 235 über den wahrscheinlichen Erfolg der Einführung der socialistischen Ordnung folgendermassen: „Die Möglichkeit, vermittelst der
gesellschaftlichen Produktion allen Gesellschaftsgliedern eine Existenz
zu sichern, die nicht nur materiell vollkommen ausreichend ist und von
Tag zu Tag reicher wird, sondern die ihnen auch die vollständige
freie Ausbildung und Bethätigung ihrer körperlichen und
geistigen Anlagen garantiert, diese Möglichkeit ist jetzt zum
erstenmal da, aber sie ist da.“ Ich glaube, dass diese Versicherungen,
welche das letzte Ziel aller menschlichen Bestrebungen schon jetzt als
erreichbar hinstellen, viel utopischer sind als alle die Versprechungen
von auserlesenen gastronomischen, geschlechtlichen und geistigen Ge-
nüssen, mit welchen Fourier seine dicken Bände füllt.

[16] Man hatte Cabet vorgeworfen, dass seine „Reise nach Ikarien“
keine zusammenhängende wissenschaftliche Theorie des Socialismus
enthalte. Darauf gab Cabet in der von ihm redigierten Monatsschrift
„Le Populaire“ (Nr. 4 vom November 1844, S. 3) die schöne, aber
phantastische Antwort: Si l'on nous demande quelle est notre *science*,
nous répondons: la *Fraternité!* — quel est votre *principe?* la *Fraternité!*
— quelle est votre *doctrine?* la *Fraternité!* — quelle est votre *théorie?*
la *Fraternité!* — quel est votre *système?* la *Fraternité!*

[17] Fourier giebt auf S. II des Nouveau Monde Industriel et
Sociétaire, 1829 als Resultat seiner Erfindung an: Moyen de *quadrupler*
subitement le produit effectif et de *ringtupler* le relatif, la somme de
jouissances. Der Titel einer im Jahre 1853 erschienenen, an die stän-
dische Vertretung von New Jersey gerichteten Schrift von Pierre

die sonst in der Erfahrung gegebene Verkettung von Ursache und Wirkung so sehr verkennen, dass sie, als die unmittelbare Folge der Verwirklichung ihrer Vorschläge, die Vervierfachung oder die Verfünffachung des wirtschaftlichen Produkts in Aussicht stellen. Selbstverständlich sind diese phantastischen Versprechungen, wenn einzelne socialistische Systeme (z. B. die von Fourier und Cabet) praktisch erprobt wurden, niemals wirklich erfüllt worden.[18]

Marx und Engels meinen freilich, dass die Centralisation der Produktionsmittel und die Vergesellschaftung der Arbeit allmählich einen Punkt erreichen werden, wo dadurch notwendig das Privateigentum gesprengt werden muss. Aber wie wenig die grössten socialen Missstände geeignet sind, eine Umgestaltung der Gesellschaftsordnung herbeizuführen, wenn den Nationen nicht ein klares, von aller Ueberschwenglichkeit freies Bild des künftigen Zustandes vorschwebt, zeigt ein Blick auf das sinkende römische Reich. Noch nie waren die Produktionsmittel so centralisiert, wie zu der Zeit, da die Hälfte der afrikanischen Provinz sich im Eigentum von sechs Personen befand (Plin. hist. nat. XVIII. 35, ed. Sillig); niemals waren die Leiden der arbeitenden Klassen grösser als in der Zeit, wo fast jeder produktive Arbeiter ein Sklave war. Es fehlte damals auch nicht — namentlich bei den Kirchenvätern — an heftigen Kritiken des bestehenden Gesellschaftszustandes, die sich mit den besten socialistischen Schriften der Gegenwart messen können.[19] Dennoch folgte auf den Sturz des weströmischen Reichs nicht etwa der Socialismus, sondern — die mittelalterliche Rechtsordnung.

Leroux lautet: Sur un moyen de *quintupler, pour ne dire pas plus, la production agricole du pays.*

[18] Vgl. über die praktischen Versuche, welche in Nordamerika mit dem Fourierismus gemacht wurden, Noyes, History of American Socialisms S. 200 ff.

[19] Vgl. Villegardelle, Histoire des Idées sociales, 1846, S. 50 ff.

Wie notwendig eine gründliche Ausbildung der socialistischen Staatslehre von einem juristischen Gesichtspunkte, sowohl im Interesse der besitzenden als auch der arbeitenden Klassen ist, zeigt der Verlauf der französischen Revolution des Jahres 1848, die ja doch durchgreifend einen socialen Charakter an sich trug. Ich verkenne nicht, dass die Machtverhältnisse bei dieser Umwälzung im Allgemeinen für die arbeitenden Klassen ungünstig lagen, und dass deshalb eine durchgreifende sociale Reform überhaupt nicht durchzusetzen war. Aber die wenigen Massregeln, welche damals ergriffen wurden, vollzogen sich nicht etwa im Sinne von Marx und Engels kraft einer den wirtschaftlichen Verhältnissen immanenten geschichtlichen Notwendigkeit, sondern sie waren schon vorlängst in Büchern und Zeitschriften vorgeschlagen und besprochen worden. Ich verweise nur auf die oben (§. 1) gegebene Darstellung der historischen Entwicklung des Rechts auf Arbeit, dessen Anerkennung durch eine vieljährige, sehr „utopische" Diskussion vorbereitet worden war.

Eine zweite Massregel, deren socialistische Tendenz unzweifelhaft ist, war die Einsetzung einer Kommission der Regierung für die Arbeiter, welche von der provisorischen Regierung durch das Dekret vom 28. Februar 1848 verfügt wurde.[20] Das Pariser Volk hatte am 28. Februar 1848 ein Arbeits- und Fortschrittsministerium (Ministère du travail et du progrès) verlangt, d. h. eine Behörde, welche zur Wahrung der Arbeiterinteressen eine wirkliche Vollziehungsgewalt besessen hätte.[21] Louis Blanc liess sich jedoch von seinen Kollegen in der provisorischen Regierung bestimmen, statt des Arbeits- und Fortschrittsministeriums eben jene Regierungs-

---

[20] Carrey, Bd. 1, Nr. 42, 58. Die Verhandlungen dieser Kommission wurden von Louis Blanc in einer Broschüre: La Révolution de Février au Luxembourg. Paris, 1849, herausgegeben.

[21] Louis Blanc, Histoire de la Révolution de 1848, 5. Aufl., 1. Bd., 1880. S. 133 ff.

kommission zu acceptieren, welche einen rein theoretischen
Charakter hatte und eine Art Akademie zur Diskussion der
Arbeiterinteressen war. — Das Fortschrittsministerium war
aber ebenso wie das Recht auf Arbeit ein alter Plan der
fourieristischen Schule.[22]

Endlich bestimmte ein Dekret der konstituierenden Versammlung vom 5. Juli 1848 einen Betrag von drei Millionen
zur Unterstützung von Arbeiterassociationen, welche in der
Weise verwendet wurden, dass Kredite unter 25000 Franken mit
drei Prozent, Kredite in einem höheren Betrage zu fünf Prozent
zu verzinsen waren. Die drei Millionen Franken wurden auch
von den Arbeiterassociationen in Paris und in der Provinz
fast vollständig in Anspruch genommen und manche derselben erfreuten sich einer grossen Blüte, bis sie infolge des
Staatsstreichs vom 2. Dezember 1851 wegen der republikanischen Gesinnung ihrer Mitglieder aufgelöst wurden.[23] Man
wird in diesen Massregeln die Vorschläge, welche Louis Blanc
schon früher in seiner Schrift über die Organisation der Arbeit
und dann während der Februarrevolution selbst in der Luxemburger Kommission gemacht hatte,[24] leicht wieder erkennen.

Fragt man aber, was die Führer der socialistischen Bewegung bestimmt, trotz dieser geschichtlichen Thatsachen, die
ja bekannt genug sind, eine wissenschaftliche Detaildarstellung

---

[22] Vgl. Bases de la politique positive. Manifeste de l'école sociétaire, fondée par Fourier, 2. Aufl., 1842, S. 207 ff.

[23] Enquête de la commission extraparlementaire des associations
ouvrières Bd. I, 1883, S. 10, Bd. II. S. 329 ff.

[24] Louis Blanc, Organisation du travail. 1. Aufl., 1841. S. 76 ff.,
S. 107. 113, 114. Derselbe, La Révolution de Février au Luxembourg,
1849, S. 100 ff. Derselbe in der von ihm herausgegebenen Monatsschrift le Nouveau Monde vom 15. September 1849, S. 129 (Le socialisme en projet de loi). Derselbe, Org. d. travail. 9. Aufl., 1850,
S. 119 ff., und in der zehnten Ausgabe in den Questions d'aujourd'hui
et de demain im 4. Bd., 1882. S. 152. Die hier angeführten Vorschläge
stimmen übrigens nicht vollkommen überein.

des angestrebten Gesellschaftszustandes oder mit anderen Worten die Ausbildung einer socialistischen Staatslehre zu vermeiden, so dürften wohl zwei Punkte die Erklärung für diese an sich befremdende Erscheinung bieten. Zunächst die Thatsache, dass die hervorragenden socialistischen Theoretiker in der Regel auch einflussreiche Führer der socialistischen Parteien sind. Unter politischen und ökonomischen Parteien ist aber erfahrungsgemäss die Einigkeit viel leichter durch Negation bestehender Zustände als durch Aufstellung positiver Ziele zu erreichen.

Dann aber mag zu jener Haltung einer wichtigen Gruppe socialistischer Theoretiker eine Verkennung der Unterschiede zwischen den theoretischen und den praktischen Disziplinen beitragen. In den theoretischen Wissenschaften ist schon der blosse Nachweis eines Irrtums von Bedeutung, auch wenn es dem Forscher noch nicht möglich sein mag, die wahre Einsicht an die Stelle des beseitigten Irrtums zu setzen. So hätte Kopernikus schon durch die Widerlegung des Ptolemäischen Weltsystems sich unsterblichen Ruhm erworben, auch wenn er sein eigenes nicht hätte aufstellen oder begründen können.

Anders verhält es sich auf dem Gebiet der praktischen Disziplinen. Hier ist keine noch so wahre Kritik bestehender Einrichtungen berechtigt, solange nicht die Möglichkeit eines besseren Zustandes genügend erwiesen wird. So gross auch der Druck sein mag, den das arbeitslose Einkommen (die Rente, der Mehrwert) auf die arbeitenden Klassen ausübt, so werden sich doch die Völker niemals zu einem eingreifenden socialen Experiment entschliessen, wenn nicht zuvor eine nur von erfahrungsmässigen Gesichtspunkten geleitete socialistische Staatslehre geschaffen ist. Auch die politischen Reformbestrebungen des 18. und 19. Jahrhunderts hätten keinen dauernden Erfolg gehabt, wenn den Nationen in den Schriften von Montesquieu und Rousseau nicht schon ein Abriss des künftigen politischen Zustandes vorgelegen wäre.

§. 10. Louis Blanc und Ferdinand Lassalle.

Louis Blanc und Lassalle sind die zwei hervorragendsten Vertreter derjenigen Form des Socialismus, welche ich oben (S. 108) den Gruppensocialismus genannt habe. Der Grundgedanke dieses socialistischen Systems besteht darin, dass grössere oder kleinere Associationen von Arbeitern desselben Berufes einesteils das Eigentum an den Produktionsmitteln haben und andrerseits diese gemeinsam benützen sollen. Dem steht selbstverständlich nicht entgegen, dass zwischen den verschiedenen Arbeitergruppen desselben Zweiges oder vielleicht sogar zwischen allen Arbeitergruppen eine einheitliche Organisation besteht. Es genügt, dass die Arbeitergruppe oder -Association Subjekt des Eigentums und der Wirtschaft ist, um den Gruppensocialismus von den übrigen socialistischen Grundformen (dem Gemeinde-, Staats- und Weltsocialismus) scharf zu unterscheiden.

Das Verhältnis zwischen Louis Blanc und Lassalle lässt sich etwa so bestimmen: Die philosophische und historische Grundlegung des Gruppensocialismus ist bei Louis Blanc sehr dürftig, während Lassalle nicht nur die historischen und philosophischen Seiten der Frage beherrscht, sondern auch einen Teil der früheren Litteratur über das Grundproblem des Socialismus: das arbeitslose Einkommen kennt. Dagegen ist Lassalle in seinen praktischen Vorschlägen von Louis Blanc vollständig abhängig.

Louis Blanc gehörte zu einer Gruppe von jungen Leuten,
welche sich nach der Julirevolution (1830) um Philipp Buonarroti, den Genossen Babeuf's und den Geschichtschreiber
der Babeuf'schen Verschwörung gesammelt hatten.[1] Die Beziehungen Louis Blanc's zu dem alten kommunistischen Ja-
kobiner blieben nicht ohne Einfluss auf seine socialistischen
Schriften. Es fehlt namentlich in seinem System die nationalökonomische Verbrämung, mit welcher die Socialisten seit
Ricardo und Thompson die socialistischen Probleme, die
im Grunde doch Macht- und Rechtsfragen sind, zu umgeben
pflegen. Für die entschlossenen Revolutionäre, welche sich
mit Babeuf zur Herbeiführung einer neuen socialen Ordnung auf dem Wege der Gewalt verbunden hatten, genügte
eben der Hinweis auf die ewige Gerechtigkeit, welche nach
ihrer Auffassung neben der politischen Gleichheit auch die
ökonomische (égalité de fait, égalité réelle) erheischt.

Louis Blanc geht deshalb bei seinem System nicht von
einer bestimmten Auffassung des Wertes aus, er vernach-
lässigt den bei den meisten Socialisten so sehr hervorgehobenen
Gegensatz zwischen Arbeitslohn und Arbeitsertrag und er behauptet auch nicht das Recht des Arbeiters auf den vollen
Ertrag seiner Arbeit. Allerdings untersucht er in der neunten
Auflage seiner Hauptschrift[2] auch die Berechtigung des
arbeitslosen Einkommens — eine Frage, welche durch die
während der Februarrevolution erschienenen Schriften von
Proudhon und Bastiat auf die Tagesordnung gesetzt worden
war. Louis Blanc vertritt die Ansicht, dass das arbeitslose
Einkommen, speciell der Darlehenszins an sich ungerecht ist
(gegen Bastiat), dass es aber in unserer Rechtsordnung,
welche den Boden und die anderen Produktionsmittel an ein-

---

[1] Advielle, Histoire de Gracchus Babeuf et du Babouvisme Bd. 1.
1884, S. 360.

[2] Louis Blanc, Organisation du travail, 9. Aufl., 1850, S. 156 ff.
Vgl. auch seine Schrift: Le socialisme. Droit au travail, 1848, S. 20—24.

zelne Privatpersonen verteilt, als eine unbedingte Notwendigkeit betrachtet werden muss (gegen Proudhon). Aber er
verfolgt diese Gedanken nicht so weit, um ein Recht des Arbeiters auf den vollen Arbeitsertrag aufzustellen, vielmehr behauptet er ein Recht jedes Menschen auf Existenz (droit à la
vie)[3] und stellt als Grundsatz für die Einrichtung der socialen
Ordnung die Regel auf, dass jeder nach seinen Fähigkeiten
produzieren und nach seinen Bedürfnissen konsumieren soll.[4]
Es ist daraus klar, dass der Mittelpunkt des socialistischen Systems von Louis Blanc nicht das Recht auf den
vollen Arbeitsertrag, sondern das Recht auf Existenz ist, dass
dessen Grundlage nicht ein volkswirtschaftliches Prinzip, sondern der philanthropische Grundsatz der Brüderlichkeit bildet.

Um nun jenes Ziel zu erreichen, schlägt Louis Blanc
eine lange Reihe von Massregeln vor, aus welchen ich folgende
hervorhebe. Es soll, wie auch die Schule Fourier's vorgeschlagen hat (s. oben §. 9, Note 22), ein Ministerium des
Fortschrittes gebildet werden, dessen Hauptaufgabe in der
allmählichen Beseitigung des Proletariats auf dem Wege der
Reform besteht. Dieses Ministerium hätte die Eisenbahnen
und Bergwerke, die Zettelbank, die Versicherungsanstalten in
seine Verwaltung zu übernehmen und Bazars für den Klein-,
Entrepots für den Grosshandel zu errichten, letztere mit dem
Recht, auf Grund der deponierten Waren eine Art Warengeld
herauszugeben. Von dem Gewinn, welcher aus allen diesen

---

[3] Louis Blanc, Organisation du travail in den Questions d'aujourd'hui et de demain Bd. 4, 1882, S. 202.

[4] Organisation du travail in den Questions Bd. 4, S. 91: L'égalité
n'est donc que la proportionnalité, et elle n'existera d'une manière
véritable que lorsque chacun, d'après la loi écrite en quelque sorte
dans son organisation par Dieu lui-même, *produira selon ses facultés et
consommera selon ses besoins.* Vgl. auch Louis Blanc, La révolution
de Février au Luxembourg, 1849, S. 72, 75. S. auch oben §. 1,
Note 4. 5.

Anstalten dem Staat zufliessen würde, wären zunächst Kapital und Zinsen der zu diesen Operationen erforderlichen Einlösungssummen zu berichtigen, der verbleibende Rest würde das Budget der Arbeiter bilden.

Aus dem Arbeiterbudget wären nun landwirtschaftliche und industrielle Arbeiterassociationen zu begründen und zwar in der Weise, dass ihnen zur Anschaffung der Produktionsmittel Staatskredit gewährt wird. Doch müssen die Arbeiterassociationen, welche auf den Staatskredit Anspruch machen, in ihre Statuten folgende Bestimmungen aufnehmen. Aus dem Gewinn der Association sind zunächst alle Auslagen der Produktion, einschliesslich der Arbeitslöhne, ferner die Interessen der vom Staat vorgeschossenen Kapitalien zu bestreiten; von dem Rest ist ein Viertel auf die Amortisierung der vorgeschossenen Kapitalien selbst, das zweite Viertel zur Gründung eines Unterstützungsfonds für die Arbeitsunfähigen, das dritte Viertel zur Verteilung unter den Genossenschaftern zu verwenden. Das letzte Viertel soll endlich in einen allgemeinen Reservefonds fliessen, der alle Arbeiterassociationen im Falle einer Krisis unterstützen soll.

Zwischen den Betriebsstätten der Associationen desselben Berufs (Ateliers sociaux[5]) soll nämlich eine Organisation be-

---

[5] Die Ateliers sociaux nach den Vorschlägen von Louis Blanc und die Ateliers nationaux, welche die provisorische Regierung nach der Februarrevolution einrichtete (oben §. 1) sind genau zu unterscheiden, wie denn auch Louis Blanc gegen eine Identifikation beider stets aufs Nachdrücklichste protestiert hat. Thatsächlich ist auch der Unterschied zwischen beiden Einrichtungen gross genug. Die Ateliers sociaux sind nach der Absicht von Louis Blanc Genossenschaften von Arbeitern desselben Berufes, welche für eigene Rechnung arbeiten und deshalb durch das Band einer gewissen Solidarität verbunden sind. Die Ateliers nationaux waren dagegen turbulente Vereinigungen von beschäftigungslosen Proletariern aller Berufszweige, welche militärisch organisiert waren und nur deshalb zu Erdarbeiten verwendet wurden, um den Schein eines Almosens zu vermeiden. Vgl. Louis Blanc,

stehen, indem alle Betriebsstätten derselben Art von einer Centralbetriebsstätte abhängig sein sollen." Diese Organisation würde es ermöglichen, die Preise für die verschiedenen Betriebsstätten festzusetzen und dadurch die Konkurrenz zwischen den einzelnen Ateliers zu verhindern. An der Spitze sämtlicher landwirtschaftlichen und industriellen Arbeiterassociationen würde ein oberster Rat stehen, der auch den früher erwähnten Reservefonds zu verwalten hätte.[7]

Fragen wir nun nach dem Verhältnis, in welchem der zweite der oben genannten Vertreter des Gruppensocialismus zu Louis Blanc steht, so ist zunächst hervorzuheben, dass Lassalle zur Begründung seiner Vorschläge einen grossen Teil des philosophisch-nationalökonomischen Ideenkreises vorträgt, welcher seit Godwin von den englischen, französischen und deutschen Socialisten herausgearbeitet worden ist. Direkt schöpft allerdings Lassalle aus Proudhon, Marx und Rodbertus, ohne, wie es scheint, die eigentlichen Quellen jener Theorien zu kennen. Gleich in dem „Offenen Antwortschreiben an das Centralkomitee zur Berufung eines allgemeinen deutschen

Pages de l'histoire de la révolution de Février. 1848. S. 55. — Le socialisme. Droit au travail. Réponse à M. Thiers. 1848, S. 62. — Nouveau Monde vom 15. Juli 1850, S. 31. — Histoire de la révolution de 1848 Bd. 1, 5. Aufl. 1880, S. 221. Auch der Direktor der Ateliers nationaux, Em. Thomas, hat zu wiederholten Malen bestätigt, dass dieselben durchaus nicht auf den Ideen Louis Blanc's beruhten, vielmehr den geheimen Zweck verfolgten, diese letzteren durch ein Scheinexperiment ad absurdum zu führen. Vgl. Rapport de la commission d'enquête sur l'insurrection qui a éclaté dans la journée du 23 Juin et sur les événements du 15 Mai, Bd. 1, 1848, S. 352. — Thomas, Histoire des Ateliers nationaux, 1848, S. 142. — S. auch oben §. 1 Note 33.

[6] Organisation du travail in den Questions Bd. 4. S. 98

[7] Louis Blanc, Organisation du travail in den Questions Bd. 4. S. 152 (vgl. auch die Citate oben §. 9. Note 24). Louis Blanc hat seine Vorschläge, namentlich in Beziehung auf die Verteilung des Gewinnes der Arbeiterassociationen, nach der Februarrevolution beträchtlich modifiziert.

Arbeiterkongresses zu Leipzig" vom 1. Mai 1863, womit
Lassalle seine socialistische Agitation eröffnete, stellte er
„das eherne ökonomische Gesetz" auf, „dass der durchschnittliche Arbeitslohn nur auf den notwendigen Lebensunterhalt
reduziert bleibt, der in einem Volke gewohnheitsmässig zur
Fristung der Existenz und zur Fortpflanzung erforderlich ist".[8]
Von dem gesamten Arbeitsertrage werde deshalb zunächst so
viel abgezogen und unter die Arbeiter verteilt, als zu ihrer
Lebensfristung erforderlich ist (Arbeitslohn); der ganze Ueber-
schuss der Produktion — des Arbeitsertrages — falle auf
den Unternehmeranteil. Die Arbeiter seien deshalb auch von
jeder Teilnahme an der durch die Fortschritte der Civilisation gesteigerten Produktivität ihrer eigenen Arbeit ausgeschlossen.[9]

Alle späteren socialistischen Schriften Lassalle's, namentlich das Arbeiterlesebuch[10] und die Streitschrift gegen Schulze-
Delitzsch[11] verfolgen im Wesentlichen nur den Zweck, diese
wenigen Sätze historisch, philosophisch und nationalökonomisch
zu erweisen und zu erläutern.

Die praktischen Vorschläge Lassalle's schliessen sich
überall jenen Louis Blanc's an, nur fehlt ihnen die Aus-

---

[8] Ferd. Lassalle, sämtliche Reden und Schriften, herausgegeben
von Georg Hotschick, New York, Bd. 1, S. 36—37. Vgl. v. Plener:
Ferd. Lassalle (1884) S. 40 ff. und passim. — Auf dem Kongress der
socialdemokratischen Partei in Halle (1890) hat sich Liebknecht bei
Besprechung des Gothaer Programms, welches „die Zerbrechung des
ehernen Lohngesetzes" als eines der wichtigsten Ziele hinstellt, gegen
die Annahme eines solchen Gesetzes erklärt und dessen Streichung aus
dem Parteiprogramm gefordert. Vgl. das Protokoll über die Verhandlungen jenes Kongresses, 1890, S. 167.

[9] Lassalle, Werke Bd. 1, S. 38. Vgl. oben §. 8, Note 17, 18.

[10] Arbeiterlesebuch. Rede Lassalle's zu Frankfurt a. M. am 17.
und 19. Mai 1863. Frankfurt a. M., 1863.

[11] Heinr. Bastiat-Schulze von Delitzsch, Der ökonomische
Julian. Berlin, 1864.

arbeitung im Detail, wie sie übrigens auch bei Louis Blanc erst infolge seiner Stellung an der Spitze der Luxemburger Kommission eingetreten war. Lassalle steht mit seinen Vorschlägen, die er niemals genauer präcisiert hat, ungefähr auf demjenigen Standpunkt, welchen Louis Blanc in den älteren Auflagen seiner Schrift über die Organisation der Arbeit[12] und das Dekret der französischen Nationalversammlung vom 5. Juli 1848[13] einnimmt. In seinem „Offenen Antwortschreiben" resümiert er seine Vorschläge in folgender Weise: „Noch einmal also, die freie individuelle Association der Arbeiter, aber die freie Association, ermöglicht durch die stützende und fördernde Hand des Staates — das ist der einzige Weg aus der Wüste, der dem Arbeiterstand gegeben ist".[14] In seiner Streitschrift gegen Schulze bezeichnet er die vorgeschlagenen Arbeitervereinigungen kurz als Produktivassociationen der Arbeiter mit Staatskredit.[15] Regelmässig würde an jedem Orte für einen Berufszweig nur eine Association bestehen, sämtliche Associationen derselben Art aber durch einen Assekuranz- und Kreditverband vereinigt sein.[16] Zu den Vorschüssen an die Arbeiterassociationen, welche selbstverständlich nur allmählich zu bilden wären, erachtete Lassalle für ganz Deutschland vorläufig 100 Millionen Thaler für genügend.[17]

Lassalle hielt seine Vorschläge nur für eine Uebergangsmassregel, welche die Lösung der socialen Frage vor-

[12] Louis Blanc, Organisation du travail, 1. Aufl., 1841, S. 76 ff.

[13] Eine gute Zusammenstellung der Vorgeschichte dieses Dekrets giebt die Enquête de la commission extraparlementaire des associations ouvrières Bd. 2, 1883, S. 329 ff.

[14] Lassalle, Werke Bd. 1, S. 55.

[15] Lassalle, Werke Bd. 2. S. 391, 392.

[16] Lassalle, Offenes Antwortschreiben, Werke Bd. 1. S. 47, 48, Note. Bastiat-Schulze, ebenda Bd. 2, S. 396, 397. Vgl. auch die Briefe von F. Lassalle an Carl Rodbertus-Jagetzow, 1878, S. 43, 80.

[17] Lassalle, Arbeiterlesebuch. Werke Bd. 1, S. 168, 169.

bereiten sollte [18] und hat dieselben nicht einmal bis in ihre
nächsten Konsequenzen durchdacht. Aber selbst die Vorschläge Louis Blanc's, die doch ungleich besser durchge-
arbeitet sind, erscheinen nicht geeignet, das von ihm ange-
strebte Ziel zu erreichen, d. h. die Konkurrenz zu beseitigen
und der Masse der Arbeiter ein befriedigendes Dasein zu
schaffen. Zwischen den Betriebsstätten desselben Produktions-
zweiges könnte möglicherweise durch die Verfügungen der
Centralbetriebsstätte die Konkurrenz beseitigt werden; aber
dafür würde der Interessenkampf zwischen den einheitlich
organisierten Produktionszweigen nur um so lebhafter ent-
brennen. Denn man vergesse nicht, dass nur innerhalb der
einzelnen Produktivassociationen eine socialistische Rechtsordnung hergestellt würde; für das gesamte Gebiet der Konsumtion, ferner für das Verhältnis der einzelnen Berufszweige
untereinander würde das Privatrecht mit seinen unvermeidlichen
Konsequenzen: der Vertragsfreiheit und der Konkurrenz fortbestehen.

Noch weniger würde aber das arbeitslose Einkommen
durch den Gruppensocialismus beseitigt werden. Lassalle
hat freilich in seinem Offenen Antwortschreiben gemeint, [19]
wenn der Arbeiterstand (durch die Produktivassociationen) sein
eigener Unternehmer würde, so müsste an die Stelle des Ar-
beitslohnes als Vergeltung der Arbeit der Arbeitsertrag
treten. Allein wer sieht nicht, dass durch die Vorschläge
Louis Blanc's und Lassalle's an die Stelle des individuellen
Eigentums nur Korporationseigentum tritt, welches letztere
auch in unserer heutigen Rechtsordnung in ausgedehntestem

[18] Lassalle, im Arbeiterlesebuch (Werke Bd. 1, S. 166, Note 1);
in Bastiat-Schulze (Werke Bd. 2, S. 392); in den Briefen an Rodbertus-Jagetzow S. 44, 46, 81; dann Rodbertus in seinen Briefen
an Dr. R. Meyer Bd. 1, S. 226 ff.

[19] Lassalle, Werke Bd. 1, S. 43. Vgl. jedoch seine Briefe an
Rodbertus S. 77 ff.

Masse besteht; dass folglich das Grund- und Kapitaleigentum und die diesem gesetzlich eingeräumte Machtstellung fortbesteht und deshalb auch Grundrente und Kapitalgewinn nicht beseitigt werden können. Ja, wenn man nicht von der utopischen Voraussetzung ausgeht, dass die Arbeiterassociationen sich ausschliesslich von dem Gefühl der Brüderlichkeit leiten lassen werden, so muss man im Gegenteil annehmen, dass die einheitlich organisierten Berufsgenossenschaften (namentlich jene, welche wie die Landwirtschaft unentbehrliche Lebensbedürfnisse erzeugen), kraft ihrer Machtstellung aus der Gesamtheit noch mehr arbeitsloses Einkommen erpressen würden, als heute den einzelnen Individuen auf dem offenen Markte möglich ist.[20]

[20] Vgl. auch noch die (von dem reinen Manchester-Standpunkt ausgehende) Kritik der Louis Blanc'schen Vorschläge, welche Thiers in seiner Rede vor der französischen Nationalversammlung vom 13. September 1848 gegeben hat (Girardin, Le droit au travail au Luxembourg et à l'assemblée nationale Bd. 2, 1849, S. 221 ff.) und die Antwort Louis Blanc's in seiner Schrift Le Socialisme. Droit au travail. Réponse à M. Thiers, 1848, S. 56 ff.

§. 11. Moderne Bestrebungen.

I. Der konservative Socialismus in Deutschland.

In dem letzten Jahrzehnt sind die socialistischen Principien ein Element der grossen Politik und dadurch zum Spielball der politischen und religiösen Parteien geworden. Ich halte es für unrichtig, wenn Marx und Engels[1] die idealen Gebiete des menschlichen Lebens: den Staat, die Kirche, die Kunst und Wissenschaft bloss als Konsequenzen der jeweiligen wirtschaftlichen Zustände auffassen (die sogen. materialistische Geschichtsauffassung). Schon die ungeheure Verbreitung der religiösen Ueberzeugungen, durch welche die Leiden des Lebens und die Schrecken des Todes gemildert werden sollen, widerspricht dieser Annahme, weil das Streben nach einem seligen Dasein im Jenseits den wirtschaftlichen Triebfedern in zahllosen Fällen notwendig entgegenwirken muss. Vielmehr kann man die Einwirkung der ökonomischen Verhältnisse auf den Lauf der menschlichen Entwicklung so bestimmen, dass kein grosses geschichtliches Ereignis lediglich aus den wirtschaftlichen Zuständen erklärt werden kann, dass aber auch keines von denselben vollständig unbeeinflusst geblieben ist. Wir sehen denn auch in der That, dass die politischen und reli-

[1] Marx, Misère de la philosophie, 1847, S. 99 ff., 113 ff.; Derselbe, Zur Kritik der politischen Oekonomie, 1. Heft, 1859, S. V; Engels, Streitschrift gegen Dühring, 1877, S. 9 ff.; Derselbe, Die Entwicklung des Socialismus von der Utopie zur Wissenschaft, 1882, S. 26.

giösen Parteien neben ihren idealen Interessen immer auch wirtschaftliche Zwecke verfolgen und dass sie namentlich von dem arbeitslosen Einkommen, welches in jedem Zeitpunkt nur eine bestimmte Grösse darstellt, so viel als möglich den Gegenparteien abzunehmen und sich selbst zuzuwenden trachten. Daher die auf den ersten Blick befremdende Erscheinung, dass zahlreiche neuere Socialschriftsteller, welche im Dienste von politischen und religiösen Parteien stehen, die ihren Parteigenossen zufliessenden Arten des arbeitslosen Einkommens aufs Nachdrücklichste verteidigen, alle übrigen Formen desselben aber mit der grössten Heftigkeit als eine empörende Ungerechtigkeit angreifen.

Aber noch ein anderes Moment hat auf diese verschiedene Behandlung der einzelnen Formen des arbeitslosen Einkommens eingewirkt. Gerade bei dem arbeitslosen Einkommen, welches dem Berechtigten nicht aus wirtschaftlichen Gründen, sondern nur kraft positiver Rechtsnormen zufliesst, ist es von besonderer Wichtigkeit, dass der Befugnis des Berechtigten auch eine entsprechende thatsächliche Macht zur Seite steht.

Die Feudallasten waren in Frankreich, wie Tocqueville nachgewiesen hat, unmittelbar vor der grossen Revolution viel weniger drückend als in Deutschland oder in England; dennoch richtete sich der Hass der französischen Bevölkerung hauptsächlich gegen diese Form des arbeitslosen Einkommens, weil das Königtum dem französischen Adel allmählich alle Machtbefugnisse, deren Ausübung die Feudallasten hätte legitimieren können, vollständig entzogen hatte.[2]

Fragen wir nun, wie sich Recht und thatsächliche Macht bei den heutigen Formen des arbeitslosen Einkommens verhalten, so springt sofort in die Augen, dass der Besitz der mittleren und ärmeren Volksklassen in dieser Richtung am besten gestellt ist, weil sich hier Recht und Macht am voll-

---

[2] Tocqueville, L'ancien régime et la révolution, liv. 2, ch. 1.

ständigsten decken. Ungünstiger ist schon das Verhältnis beim landwirtschaftlichen und industriellen Grossbesitz, weil bei diesen die thatsächliche Macht des Eigentümers durch freie Mittelspersonen ausgeübt werden muss, deren Interessen mit jenen des Besitzers keineswegs zusammenfallen. Am ungünstigsten stehen endlich alle Personen, die ihr arbeitsloses Einkommen auf Grund einer Forderung beziehen, insbesondere die Besitzer von Aktien und von Staats- und Privatschuldverschreibungen, welche Schuldtitel in der neuesten Zeit eine so unermessliche Vermehrung erfahren haben. Denn hier ist eine faktische Macht des Berechtigten überhaupt nicht vorhanden und die Gesetzgebung kann solche Rechte jeden Augenblick dadurch vernichten, dass sie ihnen einfach die Anerkennung entzieht.

Je mehr nun Recht und thatsächliche Macht auseinanderfallen, je mehr der Klein- und Mittelbesitz sich in Grossbesitz, dieser wieder sich in Papierbesitz verwandelt, desto schwächer wird das innere Gefüge der ganzen Privatrechtsordnung. In dieser fortwährend steigenden Verschiebung von Recht und Macht, welche ohne Zweifel ein eigentümliches Merkmal unserer Epoche bildet, erblicke ich das wichtigste Moment, welches unsere Privatrechtsordnung dem Socialismus entgegentreibt. Diese juristische Thatsache ist viel wichtiger als die ökonomische Konzentration der Produktionsmittel in einzelnen Händen, auf welche Marx und andere Socialisten das Hauptgewicht legen; denn diese kann unter Umständen, z. B. wenn der Grossbetrieb, wie im Altertum, durch persönlich unterworfene Arbeiter (Sklaven) geführt wird, sogar zu einer Befestigung der Privatrechtsordnung führen.

Es ist nun auch begreiflich, dass jene Formen des arbeitslosen Einkommens, bei welchen die Machtstellung des Berechtigten eine schwache ist und die im Wesentlichen auf der Anerkennung der Gesetzgebung beruhen, von neueren socialistischen Schriftstellern mit besonderem Nachdruck angegriffen werden. Dies giebt auch die Erklärung, weshalb in Deutschland, wo die Stellung des Grundbesitzes wegen der grossen Zahl von mittleren und kleineren Landwirten eine sehr feste ist, sich die Angriffe der einseitigen Socialschriftsteller hauptsächlich gegen das sogen. mobile Kapital richten, während in England, wo die Machtstellung des Grundbesitzes infolge des Latifundienwesens eine sehr schwache ist, das Grundeigentum das wichtigste Objekt für die Angriffe jenes parteiischen Socialismus bildet.

Zu den Aeusserungen eines parteiischen und einseitigen Socialismus sind nun zuvörderst die heftigen Angriffe zu rechnen, welche die konservativen Socialschriftsteller in Deutschland und Oesterreich gegen den Darlehenszins und die verwandten Formen des arbeitslosen Einkommens (namentlich die Zinsen von rückständigen Kauf- und Erbschaftsgeldern) richten. Der Zins von kreditierten Geldern jeder Art (welchen ich der Kürze wegen als Darlehenszins bezeichnen will) ist vom socialpolitischen Standpunkt ebenso ein arbeitsloses Einkommen, welches dem Kreditgeber kraft positiver Rechtsvorschrift zufliesst, wie der Miet- und Pachtzins oder jene Formen der Grundrente und des Kapitalgewinns, welche der Landwirt und der Industrielle bei eigenem Betriebe aus dem Ertrage ihrer Unternehmungen empfangen. Nur darin unterscheidet sich der Darlehenszins von dem übrigen arbeitslosen Einkommen, dass hier das Kapital und der Zins gleichartige Grössen sind, wie denn auch gewöhnlich die Höhe des Zinses in Prozenten des Kapitals ausgedrückt wird. Der Schuldner vermag deshalb in diesem Falle, ohne jede juristische und nationalökonomische Reflexion, das Mass seiner Ausbeutung klar zu erkennen, während dieser Punkt bei den übrigen Arten des arbeitslosen Einkommens durch die Ungleichartigkeit von Leistung und Gegenleistung (Arbeit und Lohn, Wohnungsgebrauch und Mietzins u. s. f.) dem ungeübten Auge verdeckt wird.

Der Umstand, dass Bedrückungen durch den Darlehens-

zins (der Darlehenswucher) für Jedermann so leicht erkennbar
sind, hat zwei wichtige Folgen. Zuvörderst die, dass der Darlehenswucher regelmässig nur von gesellschaftlich tiefstehenden
Personen betrieben und deshalb, weil die sittliche Beurteilung
immer mit den gesellschaftlichen Machtverhältnissen zusammen-
hängt, seit jeher mit besonderer Heftigkeit verabscheut wurde.
Dagegen fanden Bedrückungen durch den Lohn-, Miet- oder
Pachtvertrag (der Lohn-, Miet- und Pachtwucher), weil sie
regelmässig von den höheren Gesellschaftsklassen ausgingen,
immer selbst unter den Volksmassen eine minder ungünstige
Beurteilung. Und doch bedrückt der Darlehenswucher nur verhältnismässig enge Lebenskreise; dagegen hat bekanntlich der
Lohnwucher die Degeneration ganzer Bevölkerungen (namentlich auf dem Gebiete der Industrie) herbeigeführt, der Miet-
wucher ist die Geissel aller aufblühenden Städte[3] und der
Pachtwucher hat die ländliche Bevölkerung ganzer Länder
(Grossbritannien, Italien, Südfrankreich, Spanien)[4] in einen
der Sklaverei ähnlichen Zustand versetzt.

Die leichte Erkennbarkeit des Darlehenswuchers hat aber
auch zweitens bewirkt, dass der Staat und die Kirche gegen
denselben schon zu einer Zeit aufgetreten sind, als die anderen
Seiten der socialen Frage noch vollständig unbekannt waren.
Ursprünglich war in Rom dem Darlehenswucher keine Schranke
gesetzt; schon das Zwölftafelgesetz und eine lange Reihe von
Gesetzen bis auf Justinian[5] setzten aber ein gesetzliches Zins-

---

[3] Vgl. D. Engel, Die moderne Wohnungsnot, 1873, S. 24 und
passim.

[4] Ueber die Greuelthaten, welche die englische Grundaristokratie
sich gegen ihre Pächter hat zu schulden kommen lassen, ist zu vergleichen Wallace, Land-Nationalisation, 2. Aufl., 1882, ch. 3—5.
Wichtige hierher gehörende Aufschlüsse enthält auch Sugenheim,
Geschichte der Aufhebung der Leibeigenschaft, 1861, passim.

[5] L. 26, §. 1, Cod. de usuris (4. 32). Vgl. Glück, Ausführliche
Erläuterung der Pandekten, Bd. 21, 1820, S. 1 ff.

maximum fest, ja es scheint sogar während der republikanischen Periode das zinsbare Darlehen vorübergehend vollständig verboten gewesen zu sein.[6] Die christliche Kirche erliess gleichfalls strenge Verbote gegen das Zinsnehmen, wobei sie sich namentlich auf einen im Evangelium des Lukas (VI, 34—35) berichteten Ausspruch Christi stützte, der sich jedoch gar nicht auf das Zinsnehmen bezieht, sondern vorschreibt, dass der Darleiher ohne Hoffnung auf die Rückgabe der dargeliehenen Summe borgen soll.[7] Etwa seit dem 13. Jahrhundert kam jedoch die Lehre von den sogen. Zinstiteln auf, deren wesentlicher Inhalt darin bestand, dass das Darlehen als solches zwar immer ein unverzinsliches sein müsse, dass aber der Darleiher dennoch eine Entschädigung annehmen dürfe, wenn besondere Thatsachen eine solche rechtfertigen, z. B. wenn der Darleiher durch das Darlehen einen Schaden erlitt (Damnum emergens) oder ihm dadurch ein Gewinn entging (Lucrum cessans), wenn das Darlehenskapital durch seine Hingabe an den Schuldner gefährdet war (Periculum sortis) u. s. f.[8]

---

[6] Tac. Ann. VI, 16; cfr. Livii l. VII, c. 16, 42.

[7] Die Stelle bei Lukas VI, 34—35, lautet wörtlich: καὶ ἐὰν δανείζητε παρ' ὧν ἐλπίζετε ἀπολαβεῖν, ποία ὑμῖν χάρις ἐστί; καὶ γὰρ οἱ ἁμαρτωλοὶ ἁμαρτωλοῖς δανείζουσιν, ἵνα ἀπολάβωσι τὰ ἴσα. πλὴν ἀγαπᾶτε τοὺς ἐχθροὺς ὑμῶν, καὶ ἀγαθοποιεῖτε καὶ δανείζετε μηδὲν ἀπελπίζοντες· καὶ ἔσται ὁ μισθὸς ὑμῶν πολύς, καὶ ἔσεσθε υἱοὶ τοῦ ὑψίστου u. s. f. Dieser Ausspruch war, wie aus der Zusammenstellung des Wohlthuns und des Darleihens klar genug hervorgeht, nicht als Rechts-, sondern als sittliche Vorschrift gemeint. Wollte man aber gleichwohl die Stelle im Widerspruch mit ihrem ganzen Inhalt als Rechtsvorschrift deuten, so müsste daraus ein Verbot der Zurückforderung der Darlehenssumme oder, da das Rückzahlungsversprechen zum Wesen des Vertrages gehört, ein Verbot des Darlehenskontraktes überhaupt (nicht bloss des verzinslichen Darlehens) gefolgert werden. Vgl. Funk, Zins und Wucher, 1868, S. 220. Anderer Ansicht Vogelsang, Zins und Wucher, 1884, S. 7.

[8] Ueber diese sog. Zinstitel vgl. namentlich Funk, Zins und Wucher, 1868, S. 78 ff.; Endemann, Studien in der romanisch-kanonistischen Wirtschafts- und Rechtslehre, 2. Bd., 1883, Abt. VIII u. IX.

Dass durch diese ausserordentlich umfassenden Zinstitel das kanonische Zinsverbot praktisch so gut als ausser Wirksamkeit gesetzt wurde, liegt auf der Hand. Thatsächlich halten auch nur sehr wenige katholische Socialschriftsteller an dem Zinsverbot noch fest,[9] während die überwiegende Zahl derselben einen mässigen Darlehenszins für zulässig hält und nur den eigentlichen Darlehenswucher bekämpft.[10] Auf demselben Standpunkt stehen die neueren staatlichen Gesetzgebungen.

Der Jahrtausende alte Kampf der katholischen Kirche gegen das verzinsliche Darlehen kann also gegenwärtig als aufgegeben betrachtet werden. und dieser Erfolg musste notwendig eintreten, weil jener Gegensatz auf einer einseitigen Beurteilung der socialökonomischen Verhältnisse beruhte. Denn es ist nicht der entfernteste Grund vorhanden, den Darlehenszins und den Darlehenswucher vom sittlichen und religiösen Standpunkt mehr zu bekämpfen, als die übrigen Formen des arbeitslosen Einkommens und ihre Ausartungen. Wer dem Darlehenszins seine Berechtigung bestreitet. muss folgerichtig auch die anderen Arten des Kapitalgewinns und jede Grundrente, namentlich aber die mittelalterlichen Feudallasten und den Miet- und Pachtzins als unzulässig verwerfen. da diese letzteren Einkommensarten gleichfalls ohne jede Arbeit von seiten des Berechtigten bezogen werden. Deshalb konnte man dem kanonischen Zinsverbot gegenüber immer geltend machen, dass der Darleiher sich für die Darlehenssumme, statt dieselbe zu verleihen, Produktionsmittel anschaffen und auf diese Weise, kraft seiner gesetzlichen Machtstellung, ein von der Kirche nicht verpöntes arbeitsloses Einkommen beziehen kann. Der kirchliche Standpunkt hätte nur dann eine innere Konsequenz

---

[9] Vgl. Vogelsang, Zins und Wucher, S. 49, 73 und passim.

[10] Funk a. a. O. S. 215 ff. Ratzinger, Die Volkswirtschaft in ihren sittlichen Grundlagen. 1881, S. 231. Jäger, Die Agrarfrage der Gegenwart. Abt. 2, 1884, S. 275, 276 u. a.

gehabt, wenn sich die Kirche gegen das arbeitslose Einkommen
überhaupt gewendet hätte, wozu die bekannte Aeusserung des
Apostels Paulus: „Wer nicht arbeitet, soll auch nicht essen"
(II. Thess. cap. 3. 10) gleichfalls eine biblische Grundlage
geboten haben würde.

Die kirchlichen Anschauungen der späteren Zeit, in Beziehung auf das arbeitslose Einkommen, sind auch noch für
die heutige Staatspraxis massgebend. Fast alle Staaten haben
in ihren Civil- und Strafgesetzbüchern mehr oder minder strenge
Bestimmungen gegen den Darlehenswucher, aber es fehlt an
jeder wirksamen Repression gegen Bedrückungen durch den
Lohn-, Miet-, Pacht- und Kaufvertrag. Erst seit wenigen
Jahrzehnten haben die meisten europäischen Staaten die industriellen Arbeiter durch Beschränkung der Arbeitszeit für
die Frauen und jugendlichen Personen, ferner durch Feststellung einer Normalarbeitszeit für alle Arbeiter (Normalarbeitstag) und durch ähnliche Einrichtungen gegen die äussersten
Härten des Lohnvertrags zu schützen gesucht, während rücksichtlich der landwirtschaftlichen Arbeiter ein ähnlicher Schutz
bisher noch nirgends erreicht worden ist. Ausserdem ist England (ebenso wie in betreff des Lohnwuchers) auch in der
Repression des Pachtwuchers den übrigen europäischen Staaten
durch die irische Landakte vom Jahre 1881 (44 und 45 Vic-
toria ch. 49) [11] vorangegangen, ohne jedoch bisher irgendwo
Nachahmung gefunden zu haben. In Beziehung auf alle
anderen Formen des Wuchers herrscht noch überall das System
der unbeschränkten Vertragsfreiheit.

Die ungünstige Beurteilung des Darlehens durch die kirchlichen Kreise hat aber auch auf die Reformvorschläge der
konservativen und katholischen Socialschriftsteller erheblich
eingewirkt. Während sich diese Schriftsteller in Beziehung

---

[11] Vgl. Eduard Wiss. Das Landgesetz für Irland vom Jahre 1881,
Leipzig, 1882.

auf die anderen Privatrechtsverhältnisse, welche den begünstigten Volksklassen das arbeitslose Einkommen vermitteln, sehr konservativ verhalten, erscheint ihnen das Darlehen als ein Rechtsinstitut, welches von der Gesetzgebung beliebig modifiziert oder wohl gar in grösserem oder geringerem Umfange beseitigt werden kann. Hier zeigt sich der Einfluss der politischen Parteiinteressen besonders wirksam, da der Darlehenszins fast ausschliesslich von der liberalen städtischen Bevölkerung bezogen wird, während die konservative Landbevölkerung ihr arbeitsloses Einkommen hauptsächlich in der Form der Grundrente empfängt. Wenn die kirchlich-konservativen Schriftsteller der Ansicht sind, dass dieser Standpunkt einen höheren ethischen Gehalt in sich birgt als die bürgerliche Nationalökonomie, welche die gleiche Berechtigung aller Formen des arbeitslosen Einkommens vertritt, so ist dies eine vollständig willkürliche Annahme; vielmehr liegt hier nur der alte Gegensatz zwischen dem landed interest und dem money interest vor, der in Deutschland und Oesterreich mit dem politischen Gegensatz der liberalen und kirchlich-konservativen Parteien fast identisch ist.

Die Vorschläge der konservativ-kirchlichen Socialisten zur Umbildung des Darlehens und der verwandten Kreditverträge sind im Wesentlichen doppelter Natur. Ein Teil dieser Vorschläge will nämlich das arbeitslose Einkommen des Darleihers nicht schmälern, sondern nur die Begründung oder die Geltendmachung seines Rechts ändern. Diese Vorschläge haben folglich einen mehr formellen Charakter und es wird durch dieselben die Verteilung des arbeitslosen Einkommens unter die einzelnen Bevölkerungsklassen nicht berührt.

Eine zweite Gruppe von Vorschlägen betrifft dagegen die materielle Seite des Darlehens, nämlich das arbeitslose Einkommen des Darleihers, welches in irgend einer Weise gemindert werden soll. Die Differenz soll dann dem Schuldner, namentlich den mit Hypotheken belasteten Landwirten zukommen und auf diese Weise deren arbeitsloses Einkommen entsprechend vermehrt werden.[12]

Von den Vorschlägen der ersten Art hebe ich namentlich das Rentenprincip hervor, welches Rodbertus als Grundlage für eine neue Organisation des landwirtschaftlichen Kredits aufgestellt hat.[13] Nach der Ansicht dieses Schriftstellers ist jedes landwirtschaftliche Grundstück nur ein ewiger Rentenfonds, es kann aus demselben nur ein dauernder jährlicher Ertrag, nicht aber eine Geldsumme, die seinen Wert repräsentiert, gezogen werden. Demgemäss kann auch ein solches Grundstück nicht für ein Darlehenskapital, sondern nur für eine jährliche Zinssumme verpfändet werden, oder mit anderen Worten: die heutige Kapitalshypothek ist zu beseitigen und an deren Stelle der Rentenkauf zu setzen. Jede Abschätzung eines landwirtschaftlichen Grundstückes hat folglich in Ertrags- oder Rentengrundwert, nicht in einer Kapitalsumme zu erfolgen; der Wert eines Gutes ist z. B. nicht auf 100000 Mark, sondern lediglich auf 5000 Mark jährlichen Reinertrages festzusetzen. Alle Geschäfte, welche das Grundstück betreffen, sind in Rente abzuschliessen. So verpflichtet sich der Käufer des Grundstücks, gleichviel ob der Kauf als Privatvertrag oder unter gerichtlicher Autorität erfolgt, an den Verkäufer eine gewisse jährliche Rente zu entrichten, zu welchem Zweck er auch die auf dem Gute bereits haftenden Rentenschulden auf Rechnung des Kaufpreises oder richtiger der Kaufrente übernehmen kann. Ebenso werden bei Erbteilungen die Abfindungen der Miterben nicht in Kapital, sondern in einer vom Uebernehmer des Grundstücks zu entrichtenden Jahresrente berechnet. Auch Darlehen können nur in der Form des Rentenkaufes abgeschlossen werden, also in der Weise, dass

---

[12] Eine Zusammenstellung der neuesten Vorschläge zur Reform des Grundkredits giebt Jäger a. a. O. Bd. 2, S. 304 ff.

[13] Rodbertus, Zur Erklärung und Abhilfe der heutigen Kreditnot des Grundbesitzes, 2. (Titel-) Aufl., Bd. 2. 1876, S. 72 ff.

der Eigentümer des Grundstücks sich gegen Empfang der Darlehenssumme zur Zahlung einer jährlichen Rente verpflichtet.
Selbstverständlich können die Beteiligten, wenn eine Rentenschuld getilgt werden soll, durch gemeinsame Vereinbarung
ein Ablösungskapital festsetzen, das an den Rentenberechtigten
zu bezahlen ist; aber ohne eine solche Vereinbarung geht die
Verpflichtung des Grundeigentümers immer nur auf Rente,
niemals auf Kapital. Für die Rentenverpflichtung haftet nur
das belastete Gut, nicht dessen Eigentümer: deshalb wird in
die über das Rentengeschäft aufgenommene Urkunde (Renten-
brief) nur der Namen des verpfändeten Grundstücks, nicht
aber der Namen eines persönlich haftenden Schuldners aufgenommen.

Zum Zweck der Beförderung des landwirtschaftlichen
Kredits werden die Besitzer der Grundstücke des ganzen
Staates oder eines Bezirkes zu Verbänden, ähnlich den preussischen Landschaften, vereinigt. Diese haben festzusetzen,
bis zu welcher Höhe der Ertrag eines Guts (die Grundrente)
als sicher anzusehen ist: für diesen Betrag fertigt der Verband
dem Eigentümer eines unbelasteten Guts auf den Inhaber
lautende „Landrentenbriefe" in bestimmten Abschnitten (z. B.
100 Mark Jahresrente) aus, für welche dann der gesamte
Grundbesitz des Verbandes solidarisch haftet. Diese Landrentenbriefe sind überdies eine Art von Grundgeld, indem sie
das gesetzliche Zahlungsmittel für alle Rentenverpflichtungen
darstellen. Mit den Landrentenbriefen, die an der Börse ge-
handelt werden, kann der Grundeigentümer jede Rentenschuld
ablösen, während der Rentengläubiger eine solche Ablösung
nicht verlangen kann, oder mit anderen Worten: die Rentenschuld ist auf Seiten des Schuldners jederzeit einseitig ablösbar.[14]
— Auf Grund des Gutswerts, der hinter die Grenze des
sicheren Ertrages (s. oben) fällt, können noch „Gutsrenten-

---

[14] Rodbertus a. a. O. Bd. 2, S. 196, 197, 270 und passim.

briefe" ausgegeben werden. für welche bloss das belastete
Gut haftet und die deshalb auch nicht den Charakter eines
Grundgeldes besitzen.

Die bestehenden Kapitalshypotheken sollen zwangsweise
in Rentenschulden konvertiert werden;[15] nur jene Hypothekarforderungen. welche nicht rückständige Kaufgelder oder Erbabfindungen sind. sondern auf wirklichen Darlehensverträgen
beruhen. könnten in ihrer ursprünglichen Form (als Kapitalshypotheken) allenfalls weiter bestehen. Die Zwangskonversion,
über die sich Rodbertus nicht näher äussert. könnte wohl
nur darin bestehen, dass dem Hypothekargläubiger, soweit
dessen Forderung noch innerhalb der Grenze des sicheren Ertrages fällt, bis zu dem vollen Betrage seines Darlehenszinses
„Landrentenbriefe" ausgefolgt werden; die hinter jene Grenze
fallenden Hypothekarforderungen wären dagegen in „Gutsrentenbriefen" zu berichtigen.

Die Ansichten von Rodbertus hat Eugen Jäger[16]
im Wesentlichen adoptiert. Nur will er den staatlichen Behörden einen grösseren Einfluss auf den Kredit einräumen
als Rodbertus, indem diese auf Verlangen des Grundbesitzers
berechtigt sein sollen, übermässige Renten zu reduzieren[17] und
den Zinsfuss, nach welchem der Grundeigentümer die Renten
in Kapital einlösen kann (S. 134), von Zeit zu Zeit zu bestimmen.[18]

Es ist nicht meine Aufgabe. in dieser Schrift. welche nur
die Theorie des Rechtes auf den vollen Arbeitsertrag geben
soll. die zahlreichen wirtschaftlichen und juristischen Bedenken
gegen Rodbertus' Vorschläge zusammenzustellen. Eine
wesentliche Hilfe könnten diese mehr formellen Reformen dem

[15] Rodbertus a. a. O. Bd. 2, S. 251 ff.; vgl. jedoch auch S. 246 ff.
[16] Eugen Jäger, Die Agrarfrage der Gegenwart. 2. Abt., 1884.
S. 320 ff.
[17] Eugen Jäger a. a. O. S. 831.
[18] Eugen Jäger a. a. O. S. 322.

Grundbesitz ohnedies nicht bringen, weil die Verteilung des arbeitslosen Einkommens dadurch nicht geändert würde. Will man sich über die Rechte der Hypothekargläubiger in demselben Masse wie Rodbertus hinwegsetzen, so kann man die von ihm angestrebten Zwecke ohne Anwendung eines so komplizierten Apparats einfach dadurch erreichen, dass man die bestehenden und die zukünftigen Hypothekarforderungen auf Seiten des Gläubigers für unkündbar erklärt.

Aber darauf muss hier noch hingewiesen werden, wie sehr diese Vorschläge des konservativ-radikalen Socialschriftstellers vom Klasseninteresse des Grundbesitzerstandes eingegeben sind. Denn nicht nur landwirtschaftliche Grundstücke, auch Miethäuser und industrielle Betriebsstätten jeder Art sind bloss ein dauernder Rentenfonds; desgleichen liefert die wirtschaftliche Thätigkeit derjenigen Personen, welche von Lohn oder Gehalt oder einem anderen fixen Einkommen leben, nur eine jährliche Rente. Will man nun nicht eine reine Klassengesetzgebung zulassen, so muss man auch in diesem Falle eine kündbare Kapitalverschuldung untersagen und nur eine bloss auf Seiten des Schuldners kündbare Rentenschuld gestatten. Ueberhaupt würde das Rentenprincip in seiner Anwendung auf die übrigen Volksklassen, die für den Staat gewiss nicht weniger wichtig sind als die Landbevölkerung, konsequent dahin führen, dass jede Schuldforderung als ungültig erklärt werden müsste, wenn sie der Schuldner nach seiner wirtschaftlichen Lage voraussichtlich nicht erfüllen kann. Dass aber mit diesem Grundsatz ein praktisch anwendbares Obligationenrecht nicht zu konstruieren ist, wird jeder Sachkundige zugeben.

Während die Projekte Rodbertus' und seiner Anhänger sich im Wesentlichen auf die Form der Verteilung des arbeitslosen Einkommens beschränken, soll durch die zweite Gruppe von Vorschlägen (S. 132) das arbeitslose Einkommen selbst getroffen werden. Der einseitige Standpunkt der Socialschriftsteller, welche diese Reformprojekte vertreten, zeigt sich darin, dass nur das arbeitslose Einkommen, welches die Geldkapitalisten von der Landbevölkerung beziehen, nicht aber die anderen Arten desselben eine Beeinträchtigung erleiden sollen. Im Wesentlichen lassen sich diese Reformvorschläge dahin zusammenfassen, dass die gegenwärtig auf dem landwirtschaftlichen Besitz ruhenden Hypothekarforderungen, ähnlich wie früher die Feudallasten, unter Mitwirkung des Staates abgelöst und in Zukunft neue Belastungen dieser Art gar nicht oder doch nur in eingeschränktem Masse zulässig sein sollen.

Der älteste mir bekannte Vertreter einer solchen neuen Grundentlastung ist Franz Vidal, welcher in einer im Jahre 1848 erschienenen Schrift [19] den Vorschlag macht, das ganze Hypothekenwesen unter Vermittlung von Landbanken, die in jedem Departement zu begründen wären,[20] neu zu ordnen. Rücksichtlich der Einlösung der Hypothekarforderungen macht er drei verschiedene Vorschläge. Ein Vorschlag geht dahin, dass die Hypothekargläubiger durch ein Gesetz verpflichtet werden sollen, zur Berichtigung ihrer Forderungen Pfandbriefe der Landbank zu 3,65% anzunehmen, wogegen der Schuldner an die Bank 4% und eine Amortisationsquote zu zahlen hätte.[21] Nach dem zweiten Vorschlag soll der Staat die Hypothekarlasten selbst einlösen, indem er den Gläubigern vierprozentige Pfandbriefe bis zum Betrage ihrer Forderungen ausfolgt.[22] Endlich schlägt Vidal noch ein drittes System vor, welches im Wesentlichen darin besteht, dass die Land-

---

[19] François Vidal, Vivre en travaillant, 1848. Die Vorschläge sollten in das Exposé der Commission de gouvernement pour les travailleurs (§. 9. Note 20 ff.), deren Sekretär Vidal war, aufgenommen werden, doch unterblieb dies, weil die Kommission früher aufgelöst wurde.

[20] Vidal a. a. O. S. 117.

[21] Vidal a. a. O. S. 147. 148.

[22] Vidal a. a. O. S. 148, 149.

banken durch den Staat ermächtigt werden sollen, eine Art
Grundgeld zu emittieren, welches erst nach einer bestimmten
Zeit einlösbar und zu einem geringen Zinsfuss ($1^0/_0$) verzinslich
wäre, aber bei Zahlungen an den Staat und an die Landbanken verwendet werden könnte. Mit diesem Grundgelde
hätten die Landbanken die sämtlichen Hypothekarforderungen
— wie es scheint auch gegen den Willen der Gläubiger --
einzulösen.[23]

Eine Kritik dieser Vorschläge, welche die wirtschaftliche
Leistungsfähigkeit des heutigen Staates offenbar weit überschätzen, ist wohl nicht notwendig. Nur mag bemerkt werden,
dass eine ungerechte Benachteiligung der städtischen Bevölkerung zu Gunsten der Landwirte Vidal sehr ferne lag, da
sein Buch in dem philanthropischen Geist jener Zeit auch
gutgemeinte Beglückungsrezepte für alle übrigen Volksklassen
enthält.

In den letzten Jahren ist der Plan einer Entlastung der
landwirtschaftlichen Grundstücke, namentlich des bäuerlichen
Besitzes, von allen Hypotheken in Oesterreich wieder auf-
getaucht. Unter den Schriftstellern, welche für die neue
Grundentlastung eintreten, ist namentlich v. Vogelsang[24]
zu nennen. Nach seinem Vorschlag, der übrigens in die
Detailfragen wenig eingeht, soll die Grundentlastung auf Kosten
der Belasteten, aber unter Leitung der obrigkeitlichen Gewalt
erfolgen und sich namentlich auf den bäuerlichen Besitz erstrecken. Die zu bildenden autonomen Genossenschaften hätten
zunächst eine Revision des Schuldenstandes vorzunehmen und
überschuldete Grundbesitzer von der Rechtswohlthat der Entlastung auszuschliessen. Die Genossenschaften hätten die Zinsen
und Amortisationsraten von den Schuldnern zu erheben und

[23] Vidal a. a. O. S. 149—158.
[24] Baron v. Vogelsang, Die Notwendigkeit einer neuen Grundentlastung. 1880. S. 30 ff. Vgl. auch Hitze, Kapital und Arbeit. 1881.
S. 465 ff. Stoepel, Die freie Gesellschaft. 1881. S. 25—47 u. a.

an die Gläubiger abzuführen. Zur Erleichterung der Grundentlastung wäre für die bäuerlichen Besitzer ein gesetzliches Moratorium von zehn Jahren und, wenn nötig, auch von einer längeren Dauer zu gewähren. Zu gleicher Zeit wären die Hypothekenbücher definitiv zu schliessen und die Verpfändung der landwirtschaftlichen Grundstücke (ausser für Kulturzwecke) für alle Zukunft zu untersagen.[25]

Eine Detailkritik dieses Projekts ist, weil es nach der Absicht des Verfassers nur die principiellen Fragen berührt, wohl nicht möglich. Nur folgendes mag bemerkt werden. Soll die Entlastung des bäuerlichen Besitzes wirklich ausschliesslich auf Kosten der Verpflichteten erfolgen, so kann diesen dadurch gewiss kein wesentlicher Vorteil verschafft werden, weil das Uebel ja eben darin bestehen soll, dass der bäuerliche Besitzer von seinem Einkommen einen zu grossen Teil an seine Gläubiger entrichten muss. Sollen dagegen seine Verpflichtungen durch die Grundentlastung merklich vermindert werden, so kann dieser Erfolg entweder durch direkte Beeinträchtigung der Ansprüche der Gläubiger an Kapital und Zinsen oder durch Gewährung eines Staatszuschusses erreicht werden, der dann hauptsächlich von den dem Bauernstande nicht angehörigen Staatsbürgern aufzubringen wäre. Entschliesst sich die Gesetzgebung einmal zu einer revolutionären Massregel von so unermesslicher Tragweite wie die neue Grundentlastung, so wird sie zweifellos auch eine beträchtliche Reduktion der Verbindlichkeiten des bäuerlichen Besitzes in der einen oder der anderen Form gewähren müssen.

Die Folge einer solchen Massregel wäre nun, dass das arbeitslose Einkommen des mittleren und kleineren Grundbesitzes durch einen legislativen Gewaltakt vermehrt, dagegen das arbeitslose Einkommen zahlloser dürftiger Existenzen, die durch Spar-

---

[25] Aehnlich schon Albrecht Tebeldi (Pseudonym für Beidtel), Die Geldangelegenheiten Oesterreichs, 1847, S. 257 ff.

kassebücher, Pfandbriefe, kleine Hypotheken oder auf andere Weise an der Grundrente der bäuerlichen Besitzungen beteiligt sind, um den gleichen Betrag vermindert würde. Schon ein blosses Moratorium, auch wenn es keine Einbusse an Kapital und Zinsen herbeiführte, müsste einen grossen Teil der ärmeren städtischen Bevölkerung wirtschaftlich ruinieren. Die landwirtschaftliche Arbeiterbevölkerung würde aus solchen Massregeln gar keinen Vorteil ziehen, und andrerseits würde das grosse mobile Kapital, welches sein Geld auf Bauerngüter selten verleiht, nur in unbedeutendem Masse getroffen werden. Ich vermag deshalb in allen diesen Vorschlägen nur Aeusserungen eines krassen Egoismus der bäuerlichen Mittelstände, nicht aber Konsequenzen einer christlichen Weltanschauung zu erkennen.

Noch wichtiger als die neue Grundentlastung wäre die Aufhebung oder die Beschränkung der Verpfändbarkeit der landwirtschaftlichen Grundstücke. Wollte man eine solche Massregel einführen, ohne gleichzeitig den freien Verkehr mit Bauerngütern und die gleiche Erbteilung zwischen den Kindern zu beseitigen, so würde das Verbot hypothekarischer Belastung nur zur Latifundienbildung führen. Denn bei Verkäufen und bei Erbteilungen könnten die Grundstücke unter dieser Voraussetzung nur an Personen überlassen werden, die den ganzen Wert derselben sofort zu bezahlen im stande sind. Gerade dies ist aber die richtige Situation für die Bildung von Latifundienbesitz, weil dadurch die Kinder des verstorbenen Besitzers und minder bemittelte Bauern von der Erwerbung landwirtschaftlicher Grundstücke regelmässig ausgeschlossen werden.

Gewöhnlich wird aber von den konservativen Socialisten vorausgesetzt, dass zugleich mit der Schliessung der Hypothekenbücher auch Beschränkungen des freien Verkehrs mit Bauerngütern und die Aufhebung der gleichen Erbteilung eintreten soll. Entschliesst sich die Gesetzgebung, das Institut der Familienfideikommisse, welches gegenwärtig meist auf den grossen Grundbesitz adliger Familien beschränkt ist, wenigstens in seinen wesentlichsten Bestimmungen auf alle Bauerngüter von einem bestimmten Umfang auszudehnen, so ist keinem Zweifel unterworfen, dass die Aufhebung oder richtiger die Beschränkung der Verpfändbarkeit (etwa bis zu einem Drittel des Wertes) praktisch wirklich durchgeführt werden kann. Durch eine solche Massregel wird dann freilich dem Erstgeborenen der Besitz eines wenig oder gar nicht belasteten Bauerngutes und damit auch ein beträchtliches arbeitsloses Einkommen gesichert; alle nachgeborenen Kinder werden aber durch eine positive Rechtssatzung in die Reihen der besitzlosen Proletarier gedrängt. Ich verkenne nicht, dass solche geschlossene Bauerngüter vom Standpunkt einer rationellen Landwirtschaft manche technische Vorteile haben; auch mögen einzelne grosse Grundbesitzer sich der Hoffnung hingeben, in den Besitzern der Bauernfideikommisse eine Schutzwehr für ihre eigenen Privilegien, in den enterbten Kindern aber ein billiges und bereitwilliges Arbeitermaterial zu finden. Aber alle diese Rücksichten werden durch die socialpolitischen Nachteile der Massregel weit überwogen. In früheren Zeiten, wo die besitzlosen Arbeiter ihr Los stillschweigend trugen, mochte man leichten Herzens Einrichtungen schaffen oder erhalten, durch welche der weit überwiegende Teil der nachwachsenden Landbevölkerung in eine künstliche Dürftigkeit versetzt wird; heute sind solche Vorschläge eine verderbliche Thorheit. Denn man vergesse nicht, dass die besitzlosen Klassen der Kulturländer immer mehr von einem Gefühl der Zusammengehörigkeit ergriffen werden, und dass die Zeit vielleicht nicht ferne ist, wo jeder Proletarier, mag er den Pflug oder den Hammer führen, sich in einem bewussten Gegensatz zur geltenden Rechtsordnung befinden wird. —

Das Rentenprincip, die neue Grundentlastung und die Aufhebung oder Beschränkung der Verpfändbarkeit der landwirtschaftlichen Güter — dies sind die drei Grundideen, aus welchen sich alle Vorschläge zur Rettung der Landwirtschaft zusammensetzen, soweit diese nicht auch in das Erbrecht hinübergreifen. Diese überaus zahlreichen Projekte, von welchen ich jene von Ratzinger,[26] Schaeffle[27] und Preser[28] hervorhebe, brauchen deshalb hier nicht besonders dargestellt und besprochen zu werden.

[26] Ratzinger, Die Volkswirtschaft in ihren sittlichen Grundlagen, 1881, S. 345 ff.

[27] Schaeffle, Die Inkorporation des Hypothekarkredits, 1883, S. 6—9.

[28] Preser, Die Erhaltung des Bauernstandes, 1884, S. 324.

§. 12. Moderne Bestrebungen.

II. Die Verstaatlichung von Grund und Boden in England.

In keinem Lande der Welt beherrscht diejenige Wirtschaftsform, welche man seit Louis Blanc den Kapitalismus zu nennen pflegt, so unbedingt das ganze ökonomische Leben wie in England. Man könnte deshalb erwarten, dass die socialistischen Bestrebungen dieses Landes sich vorzüglich gegen das sogen. „mobile Kapital" richten werden. In Wirklichkeit bekämpfen die socialistischen Systeme, welche bisher in England grössere Popularität erlangt haben, vorherrschend den Grundbesitz und die Grundrente, während der Kapitalbesitz und Kapitalgewinn (profit) vorläufig noch wenig angefochten werden. Der Grund dieser auffallenden Erscheinung liegt wie in Deutschland in den gesellschaftlichen Machtverhältnissen; die thatsächliche Macht des Grundbesitzes, welcher sich allmählich in verhältnissmässig wenigen Händen vereinigt hat, ist gering, und auch seine politische Macht hat sich durch die wiederholten Parlamentsreformen namhaft vermindert. In den letzten Jahren, seit dem ersten Erscheinen dieser Schrift, hat allerdings dieser Zustand erhebliche Modifikationen erfahren.

Der älteste Vertreter der Bodenverstaatlichung oder richtiger der Vergemeindlichung von Grund und Boden, der sich auch nach Art des heutigen Socialismus mit seinen Plänen schon

unmittelbar an die grossen Massen wandte, ist Thomas
Spence.[1] Er wurde um das Jahr 1750 in Newcastle-upon-Tyne
in dürftigen Verhältnissen geboren und nahm daselbst in seiner
Jugend die Stellung eines Schulmeisters ein. Am 8. November
1775 hielt er in der philosophischen Gesellschaft von Newcastle
einen Vortrag, der schon alle wesentlichen Grundsätze seines
Systems enthielt und über den er auch später, während einer
fast vierzigjährigen Agitation, nicht hinausgegangen ist.[2] Infolge dieses Vortrages musste er nach London übersiedeln,
wo er sich der Verbreitung seiner Ideen widmete, aber dadurch zu wiederholtenmalen, namentlich während der Revo-
lutionskriege, die Verfolgung der Regierung auf sich zog.
Er starb im September des Jahres 1814, doch hinterliess er
eine beträchtliche Anzahl von Anhängern, welche, wenn man
den amtlichen Parlamentspapieren Glauben schenken kann, im
Jahre 1817 in London einen Aufstand zur Durchführung der
Absichten ihres Meisters versuchen wollten.[3] Doch wurden
diese Pläne von der Regierung vereitelt und die Vereine der
Anhänger von Thomas Spence aufgelöst. Da Robert
Owen um diese Zeit seine erfolgreiche und mit grossen
äusseren Mitteln unterstützte Agitation begann, so trat das
sociale System von Thomas Spence sehr bald in den Hintergrund der öffentlichen Aufmerksamkeit.

Die Grundgedanken dieses Systems sind die folgenden.
Spence nimmt an, dass die in einem Lande Lebenden kraft

[1] Ueber das Leben und die Lehre von Thomas Spence vgl. Allen
Davenport, The life, writings, and principles of the Spencean system
or agrarian equality, London, 1836.

[2] Ich benütze die Ausgabe des Vortrags, welche von Thomas Spence
selbst unter dem etwas schwülstigen Titel: The meridian sun of liberty;
or the whole rights of man displayed and most accurately defined,
London, 1796 besorgt worden ist. Ein Abdruck dieser wichtigen Schrift
wurde von Hyndmann (London, 1882) veröffentlicht.

[3] Vgl. Report from the Committee of Secrecy vom 19. Februar
1817; Second Report from the Committee of Secrecy vom 20. Juni 1817.

ihres Rechts auf Existenz ein gleiches Recht auf den Grund
und Boden samt allem Zubehör besitzen.[4] Die rechtswidrige
Aneignung des Bodens durch die Grundbesitzer sei die Quelle
alles Unglücks der arbeitenden Klassen, indem diese dadurch
gezwungen werden, für die müssigen Grundeigentümer zu arbeiten und andere Opfer zu bringen. Deshalb soll das Grundeigentum auf die Gemeinde oder das Kirchspiel (parish) in der
Weise übertragen werden, dass alle Bewohner daran ein
gleiches Recht besitzen und dass die Gemeinde ihren Grundbesitz niemals veräussern darf. Doch braucht sie ihre Ländereien nicht selbst zu bewirtschaften, vielmehr wird vorausgesetzt, dass sie dieselben den Meistbietenden gegen Zahlung
eines Pachtzinses auf siebenjährige Pachtperioden überlassen
würde. Von den eingehenden Pachtgeldern sind zunächst die
Steuern und andere gemeinnützige Auslagen zu bestreiten, der
Rest aber unter die Bewohner in gleichen Beträgen zu verteilen. Auf die bewegliche Habe soll sich dieser zwischen
Privat- und Gemeinwirtschaft schwankende agrarische Socialismus nicht beziehen.[5]

Diese Gedanken, welche durch die Unterdrückungs-mass-
regeln der englischen Regierung und durch die Agitation
Robert Owen's für längere Zeit in den Hintergrund gedrängt
worden waren, sehen wir bald nach der Julirevolution wieder

[4] Thomas Spence, Meridian Sun S. 6: Hence it is plain, that
the land or the earth, in any country or neighbourhood, with every
thing in or on the same, or pertaining thereto, belongs at all times
to the living inhabitants of the said country or neighbourhood in equal
manner. For, as I said before, there is no living but on land and its
productions, consequently, what we cannot live without, we have the
same property in, as in our lives.

[5] Thomas Spence, Meridian Sun S. 8—11; Thomas Evans,
Librarian to the Society of Spencean Philanthropists; Christian Policy,
The Salvation of the Empire. 2. Aufl., 1816, S. 25 fl.; Davenport,
Life of Thomas Spence S. 11. Ueber Charles Hall, dessen Vorschläge
vielfach mit Thomas Spence übereinstimmen, vgl. oben S. 49.

aufleben. Die Bodenverstaatlichung wurde ein beliebtes Schlagwort der radikalen Reformpolitiker. welche, ohne sich gerade dem Kommunismus Robert Owen's zu verschreiben, doch die Ansicht vertraten. dass die Katholikenemancipation, die Parlamentsreform und ähnliche politische Massregeln zur Heilung der furchtbaren Gebrechen unserer socialen Zustände entfernt nicht genügen. Ich nenne unter diesen radikalen Demokraten namentlich William Carpenter[6] und James Bronterre O'Brien.[7] Auch William Cobbett führte in einer vielgelesenen Schrift. welche kurz vor seinem Tod (1835) erschien. eine heftige Polemik gegen das englische Grundbesitzertum (landlordism). doch fordert er nicht etwa die Abschaffung des Privateigentums an Grund und Boden, sondern er gelangt nur zu dem bescheidenen Resultat. dass die Grundbesitzer die Landbevölkerung von ihren Ländereien nicht willkürlich vertreiben dürfen (clearing of estates). ferner dass den Armen im Notfalle eine genügende Unterstützung, und zwar als ein Recht. nicht als eine milde Gabe gewährt werden muss.[8]

Während die bisher angeführten Schriftsteller in unserer Zeit fast vollständig verschollen sind, sehen wir die Idee der Bodenverstaatlichung bei einer Reihe von Theoretikern fortleben. von welchen das Gedankenleben der Gegenwart unmittelbar beeinflusst wird. Der hervorragendste englische Schriftsteller. welcher das Grundeigentum vom ökonomischen und rechtsphilosophischen Standpunkt als weniger berechtigt ansieht als das Kapitaleigentum. ist John Stuart Mill. In

---

[6] William Carpenter. Monthly Political Magazine, Bd. 1, 1831, S. 23, 24.

[7] Vgl. die erst nach dem Tode Bronterre's vollständig gedruckte Schrift: The Rise, Progress and Phases of Human Slavery, 1885, S. 126.

[8] William Cobbett, Legacy to Labourers or what is the right which the lords. baronets and squires have to the lands of England, 1835. S. 99 ff.

seinen Grundsätzen der politischen Oekonomie gründet er das Privateigentum — seltsam genug — auf das Recht auf den vollen Arbeitsertrag. „Das Eigentum, auf seine wesentlichen Bestandteile zurückgeführt, besteht in der Anerkennung des Rechts jeder Person, über alle Sachen frei zu verfügen, welche sie durch eigene Arbeit hervorgebracht, oder durch Erbschaft oder Vertrag von dem Produzenten empfangen hat."[9] Da nun der Grund und Boden, wenn man von den Verbesserungen absieht, kein Produkt menschlicher Arbeit ist, so kann auch jenes Princip des Eigentums auf den Grundbesitz nicht angewendet werden;[10] zwischen diesem und dem Eigentum an den eigentlichen Arbeitsprodukten besteht ein tiefgreifender Gegensatz. Deshalb kann auch der Staat mit dem Grundbesitz frei schalten und denselben sogar vollständig enteignen, vorausgesetzt nur, dass die Grundeigentümer den vollen Geldwert des Bodens in Kapital oder Rente ersetzt erhalten. Dagegen ist Mill der Ansicht, dass das Eigentum an den Produkten menschlicher Arbeit ein unbedingtes sein kann und sein soll.[11]

Diese Ansichten, welche augenscheinlich schon dem Grenzgebiet zwischen Nationalökonomie und Socialismus angehören, haben auf die späteren englischen Socialisten stark eingewirkt. Ich nenne von diesen nur Herbert Spencer,[12] Alfred Russel Wallace und Henry George, welche in England die Bewegung für die Verstaatlichung des Grundes und Bodens (nationalisation of land) veranlasst haben. Der Kürze wegen,

---

[9] Mill, Principles of political economy, book II, ch. 2, §. 1.

[10] Mill a. a. O. ch. 2, §. 5. Aehnliche Ansichten über die verschiedene rechtliche Stellung des Bodens und der durch Arbeit hervorgebrachten Bodenverbesserungen vertritt schon Thomas Paine in einer 1795 96 verfassten Schrift: Agrarian Justice opposed to agrarian Law. Paris und London, 1797, S. 6, 7: 2. Aufl., 1842, S. 5—7.

[11] Mill a. a. O. ch. 2, §. 6.

[12] Herbert Spencer, Social Statics; or, the conditions essential to human happiness specified, and the first of them developed. Stereot. ed., 1868, S. 131—144.

will ich vorzüglich die Doktrinen Henry George's[13] darstellen, welcher unter allen Vertretern der Bodenverstaatlichung
wohl den meisten Einfluss erlangt hat.

Henry George erkennt jedem Menschen ein angeborenes
Recht auf die Mitbenützung der Natur zu, aber er beschränkt
dieses Recht auf den Grund und Boden, während die Produkte menschlicher Arbeit nach seiner Ansicht allerdings ohne
Ungerechtigkeit von den Produzenten angeeignet werden
können. „Das gleiche Recht aller Menschen auf den Gebrauch von Grund und Boden ist so klar wie ihr Recht, Luft
zu atmen; es ist ein Recht, das durch die Thatsache ihres
Daseins verbürgt wird. Denn wir können nicht annehmen,
dass einige Menschen ein Recht haben, auf der Welt zu sein,
und andere nicht."[14] Aus diesem Mitbenützungsrecht folgert
aber George nicht, wie Considérant (§. 1), das Recht auf
Arbeit, sondern er spricht dem Staate die Befugnis zu, sich die
Grundrente zu appropriieren. Dagegen erkennt er, in völliger
Uebereinstimmung mit John Stuart Mill, die absolute Berechtigung des Produzenten an den von ihm verfertigten Arbeitsprodukten an.[15]

Selbstverständlich muss George von diesem Standpunkt
aus auch das auf dem Grundeigentum beruhende arbeitslose
Einkommen oder die Grundrente als ein Unrecht ansehen.

---

[13] Henry George, Progress and Poverty, an inquiry into the
cause of industrial depressions and of increase of want with increase
of wealth, 1879. Derselbe, Social Problems, 1884. Derselbe, The
Land question. What it is and how only it can be settled. Unter den
deutschen Socialschriftstellern haben sich für die Bodenverstaatlichung
ausgesprochen: Stamm, Die Erlösung der darbenden Menschheit,
3. Aufl., 1884, S. 142 ff. Samter, Das Eigentum in seiner socialen
Bedeutung, 1879, S. 462. Flürscheim, Auf friedlichem Wege, 1884,
S. 179 ff. Hertzka, Die Gesetze der socialen Entwicklung, 1886,
S. 156 ff. u. a. m.

[14] Henry George, Progress, book VII, ch. 1.

[15] Henry George a. a. O. VII, I.

So wie die konservativen deutschen Socialisten in dem mobilen Kapital und im Kapitalzins die Wurzel alles wirtschaftlichen Unheils erblicken, so ist nach Henry George umgekehrt das Grundeigentum und die Grundrente die Ursache des Pauperismus,[16] der Krisen,[17] des ehernen Lohngesetzes.[18] Der Staat hat das Recht, sich die Grundrente ohne Entschädigung der Grundeigentümer anzueignen, was am besten durch eine die Grundrente möglichst erschöpfende Besteuerung geschehen kann, welche dann die Aufhebung aller übrigen Steuern ermöglichen würde.[19]

Da George das Kapitaleigentum für berechtigt hält, so muss er auch das arbeitslose Einkommen aus diesem: den Kapitalzins (interest),[20] für eine gerechte Einrichtung erkennen. Im Gegensatze zu Bastiat erklärt George den Kapitalzins nicht daraus, dass durch Werkzeuge und andere Kapitalaufwendungen die menschliche Arbeit produktiver wird, sondern aus dem Umstande, dass viele Kapitalgegenstände, z. B. Wein, Herden u. s. f., durch den Ablauf einer bestimmten Zeit, vermöge des Waltens der Naturkraft, eine Verbesserung oder Vermehrung erfahren.[21] Dieser Umstand wirkt dann auch auf die übrigen Kapitalgegenstände zurück, welche, wie Werkzeuge, keiner inneren Vermehrung oder Verbesserung fähig sind, weil diese, wenn nicht auch sie Kapitalzins abwerfen würden, überhaupt nicht zum Zwecke des Austausches verfertigt werden würden. „So entspringt der Kapitalzins aus der Vermehrungsfähigkeit, welche einzelnen Kapitalgegen-

---

[16] George, Progress V, 2.

[17] George, Progress V, 1; Social Problems, ed. 1884, S. 168—169.

[18] George, Progress III, 6; Social Problems S. 191—194.

[19] George, Progress VIII, 2; Social Problems S. 274—276; The Land question, 3. Aufl, S. 32.

[20] Ueber den Unterschied von profit und interest vgl. George, Progress III, 1 und 3.

[21] George, Progress III, 3.

ständen infolge der reproduktiven Naturkräfte innewohnt, ferner aus der Fähigkeit der übrigen Kapitalgegenstände, gegen jene ausgetauscht zu werden. Er ist nicht eine willkürliche, sondern eine natürliche Einrichtung: er ist nicht das Ergebnis einer bestimmten socialen Organisation, sondern der allgemeinen Gesetze, welche die menschliche Gesellschaft beherrschen. Der Kapitalzins ist folglich gerecht."[22] Natürlich hat infolgedessen der Staat, welcher sich die Grundrente ohne Bedenken aneignen kann, nicht das Recht, das Kapitaleigentum und den Kapitalzins irgendwie anzutasten.

Auf demselben einseitigen Standpunkt wie George steht Alfred Russel Wallace in seiner Schrift über die Bodenverstaatlichung;[23] auch er sieht in der Grundrente die Wurzel alles wirtschaftlichen Unheils.[24] Aber die Vorschläge, zu welchen er von diesem Standpunkt aus gelangt, weichen von jenen Henry George's wesentlich ab. Wallace schlägt eine allgemeine Einlösung des Bodens durch den Staat vor, doch soll sich diese auf die eigentlichen Kapitalverwendungen (Gebäude, Hecken, Drainageeinrichtungen, Thüren, Privatwege, Anpflanzungen u. s. f.) nicht erstrecken. In Beziehung auf den Boden selbst soll der Staat an die Stelle der dermaligen Eigentümer treten, indem er sie für den abgetretenen Boden durch eine Geldsumme oder noch besser durch eine Rente entschädigt. Die Kapitalverwendungen würden dagegen im Eigentum der bisherigen Grundbesitzer verbleiben, und sie können dieselben nach Belieben verkaufen, nicht aber verpachten. Ich kann auf das Detail dieser Vorschläge, welche sich an die agrarischen Verhältnisse Englands eng anschliessen, hier nicht eingehen. Nur das mag bemerkt werden, dass Wallace als

[22] George, Progress III, 3; etwas abweichend The Land question S. 29—30.

[23] Alfred Russel Wallace, Land Nationalisation, its Necessity and its Aims, 1882.

[24] Wallace a. a. O. ch. 7.

Ideal ein Zustand vorschwebt, in welchem der Staat der allgemeine Grundherr (Landlord) ist, während die Landwirtschaft unter seiner Aufsicht von selbstwirtschaftenden Pächtern für eigene Rechnung betrieben wird.[25]

Fragen wir nun noch nach der inneren Berechtigung dieser Ansichten, so werden wir dieselben als ebenso einseitig und parteiisch bezeichnen müssen, als jene der konservativen Socialisten in Deutschland, da die ersteren ihre Angriffe lediglich gegen das arbeitslose Einkommen aus dem Grundeigentum, die letzteren gegen das arbeitslose Einkommen aus dem Kapitaleigentum, namentlich gegen den Zins aus Darlehen und anderen Kreditverträgen, richten. Ein hinreichender Grund, um den Boden und das Kapital gänzlich verschiedenen Rechtssystemen zu unterwerfen — dort nur das Staatseigentum, hier auch das Privateigentum zuzulassen — ein solcher Grund ist gewiss nicht vorhanden. Die Voraussetzung, auf welche die englischen Socialisten jenen Dualismus begründen, dass Grund und Boden eine freie Gabe der Natur, das Kapital dagegen ein Produkt menschlicher Arbeit ist, vermag ich nicht als richtig anzuerkennen. Denn auch die Kapitalgegenstände (Maschinen, Werkzeuge, Vorräte u. s. f.) bestehen, ähnlich wie der Boden, aus einem von der Natur gebotenen Stoff, der durch die Arbeit nur geformt und den menschlichen Bedürfnissen angepasst wird. Auch der Umstand, dass der Boden nur in beschränktem Masse zur Verfügung steht, ist nicht entscheidend, weil es zahlreiche Kapitalgegenstände giebt, die gleichfalls nicht beliebig vermehrt werden können. In keinem Falle sind jene Gegensätze bedeutend genug, um für den Boden und das Kapital gänzlich verschiedene Rechtsordnungen auszubilden.

Es ist vollständig begreiflich, dass die englischen Socialisten, welche den Traditionen des deutschen Socialismus folgen,

---

[25] Wallace a. a. O. ch. 8.

die einseitige Richtung von Mill, Spencer, George und Wallace abgelehnt haben. Man kann das Eindringen des deutschen Socialismus in England oder richtiger die Wiederbelebung der ursprünglich von englischen Theoretikern aufgefundenen socialistischen Ideen von dem Auftreten H. M. Hyndman's rechnen, dessen erste Hauptschrift[26] im Jahre 1881 erschien. In dieser Schrift bemerkt Hyndman zwar schon, dass die Bodenverstaatlichung das Endziel aller gründlichen Reformen sein müsse, dass aber diese ohne gleichzeitige Verstaatlichung der Eisenbahnen und des Kapitals der Masse der Arbeiter keinen wesentlichen Nutzen bringen könne. Vorläufig aber beschränkt er sich noch darauf, einige Vorschläge zu machen, die mehr dem radikalen als dem socialistischen Programm angehören, z. B. die Abschaffung der Primogeniturgesetze, die Erleichterung des Verkehrs mit Liegenschaften durch Einführung des Grundbuchsystems u. s. f.[27] Schon das Manifest der von Hyndman geleiteten socialdemokratischen Föderation (Juni 1883) enthält indessen als wichtigsten Programmpunkt die Verstaatlichung von Grund und Boden,[28] nachdem sich inzwischen auch der Kongress der englischen Gewerkvereine vom Jahre 1882 für dieselbe Massregel ausgesprochen hatte.[29] Die neuesten Manifestationen der socialdemokratischen Partei in England stellen sich durchgreifend auf den Standpunkt, dass das Grund- und Kapitaleigentum gleich zu behandeln und dass deshalb sowohl der Boden als auch das Kapital zu verstaatlichen seien.[30] Die (von George

---

[26] H. M. Hyndman, The text-book of democracy. England for all. London, 1881.

[27] Hyndman a. a. O. S. 26 ff.

[28] Socialism made plain. Being the social and political manifesto of the social-democratic federation S. 6.

[29] Hyndman, The historical basis of socialism in England, 1883, S. 449.

[30] Hyndman, The historical basis S. 449; Derselbe in To-Day

und Wallace geforderte) Verstaatlichung von Grund und Boden in Verbindung mit der gleichzeitigen oder früheren Verstaatlichung des Kapitals, der Maschinen und Kommunikationsmittel, sagt Hyndman in dem Programmartikel der socialdemokratischen Monatsschrift „To-Day" vom Januar 1884 (Note 30), ist in der That das einzige Mittel, um in England unsere künftigen Bedürfnisse besser zu befriedigen und schweren Gefahren rechtzeitig vorzubeugen. Man kann deshalb sagen, dass die englische Socialdemokratie, ungeachtet der Agitationen George's, in Beziehung auf die wichtigste Frage auf demselben Standpunkt wie die deutschen und französischen Socialisten steht.

In derselben Richtung hat die socialistische Agitation in England auch während der letzten Jahre fortgedauert, ohne jedoch im Entferntesten so grosse politische Erfolge wie die deutsche socialdemokratische Partei zu erzielen. Der Grund dieser Erscheinung liegt ohne Zweifel in dem Umstand, dass die politischen Parteien Englands sich gegen den volkstümlichen Socialismus nicht so ängstlich abschliessen wie in Deutschland und dass insbesondere die radikale Partei immer mehr entschieden socialistische Elemente in ihre Programme aufnimmt. Wahrscheinlich werden deshalb die englischen Socialisten auch in Zukunft nur eine verhältnismässig enge Gruppe bilden, mit der geschichtlichen Aufgabe, den bestehenden politischen Parteien zur fortschreitenden Umbildung der Rechtsordnung die Ideen und die Vorschläge zu liefern, welche die übrigen Volksklassen nach dem gewöhnlichen Kreislauf menschlicher Dinge zuerst als revolutionär und undurchführbar verabscheuen, dann aber allmählich als berechtigt anerkennen und in dem praktischen Leben durchführen, bis

Nr. 1 (Januar 1884), S. 14; The meaning of socialism (Neues Manifest der socialdemokratischen Föderation) in To-Day Nr. 13 vom Januar 1885, S. 7.

schliesslich der einst verbrecherische Wahn zu den geheiligten
Grundlagen der menschlichen Gesellschaft gerechnet wird.[31]

Fragen wir nun schliesslich noch, welchen Wert die in diesem
und dem vorhergehenden Abschnitt (§. 11. 12) dargestellten
Meinungen besitzen, so werden wir deren praktische Bedeutung
kaum überschätzen können. Gerade deshalb, weil sich die
Angriffe der konservativen deutschen und mancher englischen
Socialisten nur gegen einzelne Formen des arbeitslosen Einkommens richten, eignen sie sich in hohem Masse als Gegenstand politischer Agitation, für welche nur solche Ziele in
Betracht kommen, die wenigstens relativ leicht erreichbar sind.
Dennoch entbehren jene Bestrebungen der inneren Berechtigung.
Sowohl unser heutiges System des Privateigentums und der
Vertragsfreiheit, welches das arbeitslose Einkommen unbedingt
zulässt, wie auch der Socialismus, welcher dasselbe ebenso
entschieden verwirft, beruhen auf einer konsequenten Weltanschauung; dagegen streiten die socialpolitischen Systeme,
welche unseren heutigen Gesellschaftszustand aufrecht erhalten
und nur das arbeitslose Einkommen einzelner Bevölkerungsklassen zu Gunsten anderer Gesellschaftskreise vermindern oder
beeinträchtigen wollen, wider alle Billigkeit und Gerechtigkeit.
Man kann deshalb auch sicher sein, dass eine solche Gesellschaftsordnung sich dauernd nicht behaupten könnte, sondern
zum Untergang des Privateigentums und der übrigen Rechtsinstitute führen würde, durch welche den besitzenden Klassen
das arbeitslose Einkommen vermittelt wird.

[31] Vgl. Sydney Webb, Socialism in England, 1890, S. 19 ff.

§. 13. Das Recht auf den vollen Arbeitsertrag und die Eigentumsformen.

In der bisherigen Darstellung (§. 3 bis 12) habe ich zu zeigen versucht, wie sich innerhalb der socialistischen Parteien allmählich ein neuer Rechtsbegriff: das Recht auf den vollen Arbeitsertrag entwickelt hat, ferner welche praktische Vorschläge seit einem Jahrhundert zur Verwirklichung dieses Rechts gemacht worden sind. Meine Darstellung würde aber unvollständig bleiben, wenn ich jetzt, nachdem durch die historische Darstellung eine sichere Grundlage gewonnen ist, das Recht auf den vollen Arbeitsertrag nicht auch dogmatisch näher beleuchten würde.

Das Recht auf den vollen Arbeitsertrag hat im Sinne der socialistischen Theorien eine negative und eine positive Funktion. Die erstere besteht darin, dass jedes arbeitslose Einkommen, mag es in der Form von Grundrente oder Kapitalgewinn bezogen werden, als eine zu beseitigende Ungerechtigkeit erscheint. Die positive Funktion geht aber dahin, dass jeder Arbeiter aus der gesamten Güterproduktion so viel an Wert erhält, als er selbst durch seine Arbeit geschaffen hat.

In jener negativen Funktion ist nun das Recht auf den vollen Arbeitsertrag — bewusst oder unbewusst — von allen Socialisten anerkannt, ja diese Anerkennung kann man als das Erkennungszeichen betrachten, durch welches sich die eigentlich socialistischen Parteien von den blossen Reformparteien unterscheiden, welche die heutige sociale Ordnung unter Festhaltung ihrer wesentlichen Grundgedanken verbessern wollen. Diese Verwerfung des arbeitslosen Einkommens ist die revolutionäre Grundidee unserer Epoche, gerade so wie die Idee der politischen Gleichheit die französische Revolution und ihre Ausläufer beherrscht hat. Beide Gedanken sind rein negativer Natur, sie enthalten kein positives Princip für eine neue Konstituierung der socialen Ordnung, wohl aber muss denselben, weil die Massen sich am leichtesten in Negationen vereinigen lassen, eine gewaltige revolutionäre Kraft zugeschrieben werden.

Ganz anders verhält es sich mit dem Recht auf den vollen Arbeitsertrag in seiner positiven Funktion. Der Gedanke, dass jeder Arbeiter den von ihm erzeugten Wert in seinem vollen Betrag zu empfangen hat, ohne dass ein Abzug zu Gunsten des Grund- und Kapitaleigentums stattfindet[1] — dieser Gedanke ist allerdings ein neues Princip der verteilenden Gerechtigkeit, eines der beiden positiven Programme (S. 1), welche uns der Socialismus als Grundlage für eine neue Ordnung des menschlichen Lebens zur Verfügung stellt. Die Einwirkung dieses Grundsatzes müsste sich naturgemäss auf alle Rechtsinstitute, vor allem aber auf die geltenden Formen des Eigentums erstrecken.

Man kann drei voneinander principiell abweichende Gestaltungen des Eigentums unterscheiden, von welchen jede zu dem Recht auf den vollen Arbeitsertrag in einem wesentlich verschiedenen Verhältnis steht. Diese Hauptformen des Eigentums sind:

1) Das Privateigentum, welches immer mit der Sondernutzung der Eigentumsobjekte verbunden ist;

2) Das Gemeineigentum mit Sondernutzung; endlich

3) Das Gemeineigentum mit gemeinsamer Nutzung.

---

[1] Dass von diesem Wert die Auslagen für den Staat abzuziehen sind, ist selbstverständlich, da der Staat eben die notwendige Voraussetzung für die Produktion bildet.

Unter der Herrschaft des Privateigentums mit Sondernutzung (Nr. 1), also in einem Zustand, wie er gegenwärtig in fast ganz Europa herrscht, kann das Recht auf den vollen Arbeitsertrag niemals verwirklicht werden. Denn da in einem solchen Zustand die Produktionsmittel und die benützbaren Sachen durch die Rechtsordnung einzelnen Individuen zugewiesen sind, so werden die Eigentümer in die Lage versetzt, kraft ihrer gesetzlichen Machtstellung ein arbeitsloses Einkommen in der Form von Miete, Pacht, Darlehenszins oder in anderer Weise zu erheben. Alle Vorschläge, das Sondereigentum und die Individualwirtschaft mit dem Recht auf den vollen Arbeitsertrag zu vereinigen, müssen an dieser gesetzlichen Machtstellung der Grund- und Kapitaleigentümer notwendig zerschellen, gleichviel ob man die Aufgabe durch eine Neuordnung des Kredits (Proudhon) oder des Kauf-, Tausch- und Lohnvertrags (Rodbertus) zu lösen versucht.

Das Rechtssystem, durch welches das Recht auf den vollen Arbeitsertrag wenigstens annähernd verwirklicht werden kann, ist die zweite der oben erwähnten Gestaltungen des Eigentums, nämlich das Gemeineigentum mit Sondernutzung. Ein Beispiel dieser Eigentumsform in der Anwendung auf die Landwirtschaft ist die russische Dorfgemeinde (der Mir). In Russland ist die Feldmark des Dorfes ein Gesamteigentum der Dorfgemeinde, aber die Aecker und Wiesen werden den Einzelnen von der Gemeinde zur Sondernutzung zugewiesen. „Es geschieht nämlich eine Verteilung des Acker- und Wiesenbodens unter die vorhandenen Familien der Gemeinde, jedoch stets nur zeitweise und zur Nutzniessung, nicht zum Eigentum. Ursprünglich vielleicht alle Jahre; jetzt wird, wohl um die Kosten und grossen Unbequemlichkeiten zu vermeiden, stets nach einer Reihe von Jahren der Grund und Boden mit genauer Ausgleichung der Qualität unter sämtliche Ehepaare der Gemeinde gleichmässig verteilt."[2] Doch bezieht sich diese periodische Verteilung nur auf das Acker- und Wiesenland. Wald und Weide bleiben in gemeinsamer Nutzung. — Aehnliche Vorschläge hat, wie schon oben (S. 4) bemerkt wurde, der englische Socialist Hall gemacht.

Diese Rechtsformen sind, wie leicht ersichtlich ist, unmittelbar nur auf die Landwirtschaft anwendbar, weil sich eben Grund und Boden beliebig teilen lässt. Fabriken und andere industrielle Betriebsstätten können dagegen in ihren Bestandteilen nicht einzelnen Personen zur Sondernutzung zugewiesen werden, weil deren einzelne Teile (Gebäude, Maschinen, Rohstoffe) nur in ihrer Verbindung zur Produktion brauchbar sind. Doch kann ein ähnlicher Erfolg auch auf dem Gebiete der Industrie wenigstens annäherungsweise dadurch erzielt werden, dass die Gesamtheit (Staat, Gemeinde) die industriellen Betriebsstätten an Arbeiterassociationen überlässt, welche dieselben sodann für eigene Rechnung ausbeuten. Es ist gleichgültig, ob der Staat die industriellen Betriebsstätten den Arbeitergruppen direkt übergiebt oder ob er ihnen, wie Louis Blanc und Lassalle vorschlagen, durch Gewährung von Staatskredit deren Anschaffung ermöglicht.

Unter der Herrschaft eines Rechtssystems, wie es soeben in seinen äussersten Grundzügen dargestellt worden ist, würde Jedermann mit den erforderlichen Produktionsmitteln versehen werden und es würde daher innerhalb der Gemeinschaft (Gemeinde, Arbeiterassociation) das arbeitslose Einkommen verschwinden. Aber die Socialisierung der Gesellschaft, wenn mir dieser Ausdruck erlaubt ist, würde sich eben bloss auf die Güterproduktion innerhalb der Gemeinde und der Arbeiterassociation beschränken. Dagegen würden die Individual-

---

[2] Haxthausen, Studien über Russland, Bd. 3, 1852, S. 125. Vgl. auch Keussler, Geschichte und Kritik des bäuerlichen Gemeindebesitzes in Russland, Bd. 1, 1876, S. 4—5.

wirtschaften der einzelnen Mitglieder fortbestehen und der
Austausch zwischen diesen würde in den Formen des heutigen
Privatrechts erfolgen. Der wirtschaftliche Erfolg jedes Einzelnen oder jeder Arbeiterassociation würde folglich lediglich
von dem Masse der aufgewendeten Arbeit abhängig sein, es
müssten aber die Produkte dieser Arbeit, geradeso wie in dem
gegenwärtigen Zustande, auf dem offenen Markte durch Austausch
verwertet werden. Der russische Bauer, welcher von dem Mir
ein ebenso gutes Stück Ackers zugewiesen erhält als die
übrigen Gemeindegenossen, kann im Verhältnis zu diesen
niemals arbeitsloses Einkommen beziehen; aber er muss die
Produkte dieses Ackers, soweit er sie nicht selbst verbraucht,
in den Formen des Privatrechts, also auf Grund der Vertragsfreiheit und der freien Konkurrenz weiter veräussern.

Annäherungsweise wird also das Recht auf den vollen
Arbeitsertrag durch das Gemeineigentum mit Sondernutzung
in der That verwirklicht. Dass aber das arbeitslose Einkommen
nur für die inneren Verhältnisse der Arbeiterassociationen und
Gemeinden, nicht aber zwischen diesen Gesamtheiten selbst
verschwinden würde, ja dass in einem solchen Gesellschaftszustand mächtige Associationen oder Gemeinden vielleicht ein
ebenso hohes arbeitsloses Einkommen erzwingen würden wie
gegenwärtig das Grund- und Kapitaleigentum, ist oben bei
der Kritik der Vorschläge von Louis Blanc und Lassalle
(§. 10) auseinandergesetzt worden.

Die dritte mögliche Eigentumsform ist das gemeinsame
Eigentum verbunden mit gemeinsamer Nutzung. Diese
Gestaltung des Eigentums ist namentlich in den kommunistischen Gemeinden vertreten, welche in Nordamerika seit ge-
raumer Zeit in beträchtlicher Zahl existieren. In diesen Gemeinden ist die Produktion ganz kommunistisch eingerichtet;
dagegen vollzieht sich die Konsumtion in einzelnen Gemeinden
im Wesentlichen gemeinsam (gemeinschaftliche Wohnhäuser
und Mahlzeiten!), während dieselbe in der Mehrzahl dieser

Kommunitäten familienweise in gesonderten Haushaltungen erfolgt.[3] Es lässt sich auch nicht verkennen, dass die Güterproduktion in unserer Zeit des Grossbetriebes entschieden zur Vereinigung der Arbeiter drängt. während die Konsumtion auch in einer socialistischen Gesellschaftsordnung, dafern diese nur die Familie aufrecht erhält. immer eine gewisse Tendenz zur Isolierung der Individuen und der Familien in sich birgt.

In welchem Verhältnis steht nun aber diese Eigentumsform (Gemeineigentum mit gemeinsamer Nutzung) zu dem Recht auf den vollen Arbeitsertrag? Es ist gar keinem Zweifel unterworfen, dass jenes Recht auch in einer solchen kommunistischen Gesellschaftsordnung an sich durchführbar ist; dass also der Staat oder die Gemeinde, in deren Eigentum sich alle Produktionsmittel und benützbaren Sachen befinden, die Arbeitsleistungen jedes Einzelnen genau kontrollieren und ihm die Genussmittel nur nach Massgabe derselben zuweisen können. In der That hat auch Rodbertus in dem vierten socialen Brief[1] uns die Darstellung eines ökonomischen Zustandes geliefert, in welchem das Grund- und Kapitaleigentum dem Staate zusteht. wo aber gleichwohl Jedermann nur auf den von ihm erzeugten Produktwert (seinen Arbeitsertrag) Anspruch machen kann. Indessen ist die Durchführung des Rechts auf den vollen Arbeitsertrag in der rein kommunistischen Rechtsordnung mit solchen Schwierigkeiten verbunden. dass diese wohl immer das zweite der im Beginn dieser Abhandlung (§. 1) angeführten Grundrechte, nämlich das Recht auf Existenz, als Grundlage der Güterverteilung vorziehen wird.

---

[3] Nach Hinds in seiner Schrift über die amerikanischen Kommunistengemeinden (s. unten Note 5) besteht gemeinsamer Haushalt bei den Shakers (Hinds S. 109) und in Oneida-Community (Hinds S. 121, 134); dagegen Familienhaushalt in Zoar (Hinds S. 131) und Amana (S. 51), ferner in Icaria (Konstitution von Icaria Art. 78). Die Kommunität Oneida wurde übrigens in den letzten Jahren aufgelöst.

[4] Rodbertus, Das Kapital, 1884, S. 109 ff.

Vorerst sei bemerkt, dass in der Verfassung der amerikanischen Kommunistengemeinden, welche in der Gegenwart das wichtigste Beispiel für den praktischen Kommunismus bieten, von dem Recht auf den vollen Arbeitsertrag keine Spur zu finden ist. Wilhelm Alfred Hinds, vor Kurzem noch Sekretär der Oneida-Kommunität im Staate New-York, hat in seiner vortrefflichen Schrift über die amerikanischen Kommunistengemeinden[5] einige der Verträge mitgeteilt, welche jedes in eine Kommunität neu eintretende Mitglied unterzeichnen muss (Covenants).[6] In diesen Eintrittsverträgen verspricht die Kommunität, dass sie den Eintretenden und seine Familie mit den Lebensbedürfnissen versehen,[7] die Kinder erziehen[8] und die Arbeitsunfähigen erhalten werde.[9] Dagegen verspricht

[5] Hinds, American Communities, Brief Sketches of Economy, Zoar, Bethel, Aurora, Amana, Icaria, the Shakers, Oneida, Wallingford and the Brotherhood of the New Life, Oneida 1878.

[6] Hinds a. a. O. S. 165 ff. giebt die Eintrittsverträge der Kommunitäten von Economy, Zoar, Oneida, dann den Covenant der Shakers. Der Inhalt dieser Covenants ist im Wesentlichen der nämliche, weshalb ich nur die betreffenden Stellen des Eintrittsvertrages von Economy anführe.

[7] Der Covenant der Kommunität von Economy, wo Anhänger der von Georg Rapp gestifteten kommunistischen Religionssekte wohnen, sagt über diesen Punkt folgendes: Art. 5: The said George Rapp and his associates agree to supply the undersigned severally with all necessaries of life, as clothing, meat, drink, lodging, for themselves and for their families.

[8] Der Art. 4 des Covenant's von Economy verspricht den eintretenden Mitgliedern: not only for themselves but also for their children and families all such instructions in church and school, as may be reasonably required both for their temporal good and for their eternal felicity. Zurückgelassene Waisen sollen ihre Rechte zufolge dem Artikel 5 nach wie vor behalten.

[9] Artikel 5 des Covenants: And his provision (nämlich die in Note 7 abgedruckte Klausel) is not limited for their days of strength; but when any of them shall become sick, infirm, or otherwise unfit for labor, the same support and maintenance shall be allowed as before,

Menger, Arbeitsertrag. 2. Aufl. 11

das eintretende Mitglied für sich und seine Familie, dass es die Wohlfahrt der Kommunität durch seine Arbeit nach Kräften fördern werde.[10]

Die Covenants der amerikanischen Kommunistengemeinden normieren also genau diejenige Summe von Rechten und Pflichten, welche ich oben (S. 1) als das Recht auf Existenz bezeichnet habe. Von einer Bestimmung, dass jedem Mitglied nur so viel an Lebensbedürfnissen zukommen soll, als der Wert der von ihm geleisteten Arbeit beträgt, ist in diesen Verträgen keine Rede. Im Gegenteile wird ausdrücklich vereinbart, dass kein Mitglied, wenn es aus der Kommunität austritt, irgend eine besondere Belohnung für die geleistete Arbeit ansprechen kann.[11]

Damit ist zugleich ein populärer Einwand gegen den Socialismus widerlegt, der offenbar auch den Vorschlägen von Rodbertus[12] zu Grunde liegt, nämlich dass in einer socialistischen Gesellschaftsordnung Niemand für Andere werde arbeiten wollen und dass deshalb eine allgemeine Trägheit und Nachlässigkeit herrschen werde. In Wirklichkeit verhält sich

together with such medicine, care, attendance and consolation, as their situation may reasonably demand.

[10] Im Artikel 2 des Covenants versprechen die Eintretenden: to promote the interest and welfare of the said Community, not only by the labor of our hands, but also by that of our children, our families, and all others who now are, or hereafter may be, under our control.

[11] Im Art. 3 des Covenants versprechen die Mitglieder: We never will claim or demand, either for ourselves, or for our children, or for any belonging to us, directly or indirectly, any compensation, wages or reward whatever for our or their labor or services rendered to the said Community, or to any member thereof, but whatever we or our families jointly or severally shall or may do, all shall be held and considered as a voluntary service for our brethren.

[12] Vgl. Rodbertus, Das Kapital, 1884, S. 115, 135—136, und den Aufsatz „Der Normalarbeitstag" in den von Moriz Wirth herausgegebenen Kleinen Schriften von Rodbertus (1890) S. 338, 350.

die Sache so, dass die arbeitenden Klassen gegenwärtig bei grossem oder mittlerem Betriebe an dem Erfolge ihrer Arbeit gar kein Interesse haben, während sie in einer socialistischen Gesellschaftordnung immer bis zu einem gewissen Grade selbst beteiligt sind. Auch mangelt es in unserer Rechtsordnung, obgleich unser Privatrecht dem Lohnherrn Klagen aus dem Lohnvertrag gewährt, an einem wirksamen Schutz gegen Trägheit oder Nachlässigkeit des Arbeiters. Das einzig wirksame Mittel, das dem Lohnherrn in diesem Falle zu Gebote steht, ist die Entlassung des Arbeiters: dieses kann aber die socialistische Kommunität (in der Form der Ausschliessung des trägen Genossen) gleichfalls und zwar mit viel grösserem Erfolge benützen. Thatsächlich lehrt auch die Geschichte der zahllosen socialistischen Versuche, dass diese, obgleich die socialistischen Gemeinden die Befriedigung der Bedürfnisse meistens nicht von dem Masse der Arbeitsleistung abhängig machten, doch fast niemals an der Trägheit ihrer Genossen gescheitert sind. Vielmehr waren schlechte Anlage, Mangel an dem erforderlichen Kapital und Disciplinlosigkeit die regelmässigen Ursachen des Misslingens der socialistischen Experimente.

Die Vorschläge, welche den Zweck haben, die Belohnung des Arbeiters auch in der kommunistischen Gesellschaftordnung von dem Masse seiner Thätigkeit abhängig zu machen, können einen doppelten Charakter haben. Es ist zunächst möglich, dass die von dem einzelnen Arbeiter verwendete Arbeitszeit ohne Rücksicht auf die Arbeitsleistung als Massstab der Belohnung gilt (System der Zeitarbeit). Dann aber kann zweitens die Arbeitsleistung, welche durchschnittlich in einem bestimmten Zeitraum (Tag, Stunde) zustande gebracht werden kann, als Grundlage für die Zuweisung der Genussmittel an die Arbeiter dienen, ohne dass es auf das Mass der wirklich verwendeten Arbeitszeit weiter ankommt (System der Durchschnittsarbeit). Im ersten Falle wird also die Kommunität, wenn ich mich dieser für einen ganz abweichenden Gesellschaftszustand erfundenen Ausdrücke bedienen darf, an ihre Mitglieder Zeitlohn, im zweiten Falle dagegen Stücklohn zahlen.

Ein socialistisches Experiment, in welchem das Recht auf den vollen Arbeitsertrag mit dem System der reinen Zeitarbeit verbunden gewesen wäre, ist mir nicht bekannt. Bis zu einem gewissen Grade kann man eine Anzahl von fourieristischen Gemeinden in Nordamerika hierher rechnen, welche auf einem in Bloomfield (NewYork) am 15. Mai 1844 gehaltenen Kongresse folgende Regeln für die Verteilung des Arbeitsertrages festsetzten. Alle Arbeiten sollten in notwendige, nützliche und angenehme geteilt werden. In jeder Gruppe von Arbeitern hat der Obmann die wöchentlichen Arbeitsstunden jedes Mitgliedes genau zu verzeichnen, welche dann mit einer durch die Verschiedenheit der Arbeit und des Arbeiters bedingten Verhältniszahl zu multiplizieren sind. Als Maximum dieser Verhältniszahl wurden für die notwendigen, nützlichen und angenehmen Arbeiten die Ziffern 30, 25 und 18 festgesetzt; diese Zahlen galten aber nur für die besten Arbeiter und wurden mit Rücksicht auf Alter, Geschlecht und Leistungsfähigkeit ermässigt. Ein mittlerer Arbeiter in der Schneidergruppe, welche zu den nützlichen Gewerben (mit der Maximalzahl 25) gezählt wurde, hatte z. B. die Verhältniszahl von 15 oder 20 und wenn er wöchentlich 60 Stunden arbeitete, so wurde ihm die Ziffer von 900 oder 1200 gutgeschrieben. Für tausend(?) Einheiten konnte der Arbeiter in der Phalanx Clarkson, aus welcher die betreffenden Rechnungen vorliegen, Genussmittel bis zur Höhe von ³⁄₄ Dollar beziehen.[13]

Ein reines Stücklohnsystem liegt hier offenbar nicht vor, aber ebensowenig ein reines Zeitlohnsystem, weil ja die Verhältniszahl die Verschiedenheit der Arbeitsgattung und der Leistungsfähigkeit des Arbeiters ausdrücken sollte. Mit an-

[13] Noyes, History of American Socialisms. 1870. S. 273 ff.

deren Worten: Die Verhältniszahl war nicht ein Ausdruck für die bereits geleistete, sondern für die nach der persönlichen Beschaffenheit des Arbeiters zu erwartende Arbeit.

Das zweite der oben (S. 163) charakterisierten Systeme besteht darin, dass für die Belohnung des Arbeiters nicht die Arbeitszeit massgebend ist, während deren er wirklich gearbeitet hat, sondern jener Zeitraum, innerhalb dessen die vom Arbeiter gelieferte Arbeitsleistung durchschnittlich hervorgebracht werden kann (System der Durchschnittsarbeit). Ein konsequenter Vertreter dieses Systems ist Rodbertus, während Weitling für eine Kombination des Rechts auf Existenz mit dem Recht auf den vollen Arbeitsertrag in dem hier näher bestimmten Sinne eintritt.

Rodbertus[14] setzt einen Zustand voraus, wo sich der Staat durch Einlösung bereits im Besitze des ganzen Bodens und Kapitals befindet. Ein arbeitsloses Einkommen kann in einem solchen Zustand nicht mehr stattfinden, dagegen hat jeder Arbeiter das Recht auf den vollen von ihm erzeugten Produktwert,[15] von welchem nur ein Teil zur Befriedigung der staatlichen Bedürfnisse abzuziehen ist.[16] Der Arbeiter erhält für jede Arbeitsleistung die Belohnung in Arbeitsstunden nach dem System der Durchschnittsarbeit und er kann sich für das Arbeitsgeld in den Staatsmagazinen Waren oder auch Dienstleistungen bis zur entsprechenden Stundenzahl anschaffen;[17] doch wird, weil der gesamte Staat eine arbeitende Gemeinschaft ist, „der Wert eines Produktquantums nicht mehr allein nach der normalen (oder Durchschnitts-)

[14] Rodbertus, Das Kapital, S. 117. Vgl. die Kritik der Vorschläge von Rodbertus bei Georg Adler, Rodbertus, der Begründer des wissenschaftlichen Socialismus, 1884, S. 68—73; Böhm-Bawerk, Kapital und Kapitalzins Bd. 1, 1884, S. 376 ff.

[15] Rodbertus a. a. O. S. 115—117.

[16] Rodbertus a. a. O. S. 158.

[17] Rodbertus a. a. O. S. 149—150.

Arbeit der lokal getrennten Individuen, sondern muss nach der Durchschnittsquantität Arbeit konstituiert werden, die das gesellschaftliche Gesamtprodukt der betreffenden Kategorie gekostet hat."[18] Es wird also nicht ein Durchschnitt zwischen den Arbeitsleistungen der einzelnen lokal vereinigten Arbeiter, sondern zwischen sämtlichen Arbeitern einer bestimmten Kategorie in dem ganzen Staate gezogen. Je nachdem die Produktivität der Arbeit steigt oder fällt, werden die in Arbeitsstunden berechneten Preistarife der Waren und Dienstleistungen periodisch revidiert.[19]

Die Bedenken gegen diese Vorschläge liegen auf der Hand. Wenn jeder Arbeiter nur ein Recht auf seinen ganzen Produktwert hat, was soll geschehen, wenn eine auf die Erzeugung von Produktwerten gerichtete Arbeit ganz erfolglos geblieben ist, z. B. wenn in einem Landstrich der Hagel die Ernte vollständig vernichtet hat? Und wenn der Warenwert nur nach der auf sie verwendeten Durchschnittsarbeit bestimmt wird — soll eine edle Weinsorte, die infolge der günstigen Lage des Weinberges nicht mehr Durchschnittsarbeit kostet als ein schlechter Landwein, nur mit der gleichen Zahl von Arbeitsstunden bezahlt werden wie dieser? Und wenn diese Frage, wie allerdings in der Konsequenz der von Rodbertus gemachten Vorschläge liegt, bejaht wird, wem werden diese durch günstige Naturbedingungen bevorzugten Produkte zugewiesen werden? Aehnliche Fragen könnte man jenen Vorschlägen, die von ihrem Urheber offenbar nur sehr mangelhaft durchdacht worden sind, noch in grosser Zahl entgegensetzen.

Aber auch wenn man von diesen mehr wirtschaftlichen Einwänden absieht, ergeben sich vom juristischen Standpunkt erhebliche Bedenken. Das Mass der Arbeit, welches durch-

[18] Rodbertus a. a. O. S. 146.
[19] Rodbertus a. a. O. S. 148 ff.

schnittlich zur Hervorbringung eines bestimmten Produkts erforderlich ist, lässt sich im einzelnen Falle nur mit grosser Schwierigkeit feststellen. Thatsächlich war denn auch bei der Owen'schen Arbeitsbörse, welche gleichfalls auf dem System der Durchschnittsarbeit beruhte, im Grossen und Ganzen die Erklärung des die Ware an das Magazin abliefernden Arbeiters massgebend.[20] Ueberdies unterliegt die Produktivität der Arbeit nicht nur infolge von Erfindungen und anderen Verbesserungen im Laufe der Zeit grossen Veränderungen, sondern sie ist (namentlich bei landwirtschaftlichen Produkten, deren Menge und Güte von dem Wetter und anderen Naturfaktoren abhängt) auch in einem bestimmten Zeitpunkt grossen Schwankungen unterworfen. Auf diese täglich wechselnden Grundlagen hin fortwährend für die zahllosen Lebensbedürfnisse die gerechten Preise in Durchschnittsarbeit zu bestimmen — dies ist eine Aufgabe, welche selbst über die Kräfte des vollkommensten Staates hinausgeht. Und doch ist die Lösung dieser Aufgabe unerlässlich, wenn anders das Recht auf den vollen Arbeitsertrag verwirklicht werden soll.

Viel besser durchdacht als die Vorschläge von Rodbertus sind jene, welche Wilhelm Weitling in seiner Schrift: „Garantien der Harmonie und Freiheit" aus dem Jahre 1842[21] gemacht hat. Nach den Vorschlägen Weitling's soll die Gesellschaft verpflichtet sein, jedem Mitglied die notwendigen und die nützlichen Produkte oder Dienstleistungen zu liefern, wogegen dieses zu einer gewissen Zeitarbeit (6 Stunden täglich) verpflichtet ist. Soweit hat also Weitling das Recht auf Existenz anerkannt. Sodann aber hat jedes Mitglied überdies auch noch das Recht, weitere Arbeitsstunden (Kommerzstunden) zu leisten, um sich dadurch auch die bloss ange-

---

[20] Vgl. das offizielle Organ der Arbeitstauschbanken in London und Birmingham „The Crisis" vom 25. Januar 1834, S. 171.

[21] Die zweite Auflage dieses Werkes erschien 1845, die dritte 1849.

nehmen Produkte oder Dienstleistungen zu verschaffen. Der Preis dieser letzteren soll in Arbeitsstunden bestimmt und diese gegen die Kommerzstunden ausgetauscht werden. Auch Weitling vertritt, ebenso wie schon früher Robert Owen, die Schätzung aller Produkte und Dienstleistungen in Durchschnittsarbeit. „Die einer Mehrheit von fähigen Arbeitern zur Produktion irgend welcher Gegenstände nötige Arbeitszeit liefert den genauesten Massstab des Wertes dieser Arbeiten.“[22] Es soll aber nicht, wie bei Rodbertus, das zur Hervorbringung einer Ware erforderliche Arbeitsquantum der einzige Massstab sein: vielmehr soll auch die Seltenheit der Produkte und die grössere oder geringere Nachfrage — geradeso wie in unsrer heutigen Wirtschaftsordnung — für den Preis bestimmend sein.[23]

Dass diese Vorschläge wenigstens die gröbsten Mängel vermeiden, welchen wir bei Rodbertus begegnen sind, ist klar. Da Weitling in betreff der notwendigen und nützlichen Produkte ein Recht auf Existenz anerkennt, so braucht in der von ihm vorgeschlagenen Gesellschaftsordnung für die Arbeitsunfähigen und für die ohne Erfolg Arbeitenden nicht eine besondere staatliche Armenversorgung zu bestehen, die in dem „kommunistischen“ Staat von Rodbertus — sonderbar genug — eine unerlässliche Notwendigkeit wäre. Dann trägt Weitling dem praktischen Bedürfnis dadurch Rechnung, dass er bei Produkten, welche nicht mehr Durchschnittsarbeit gekostet haben als andere, aber seltener und gesuchter sind, eine Preissteigerung eintreten lässt. Im übrigen sind aber den Vorschlägen Weitling's, soweit diese die Verteilung der „angenehmen“ Produkte an die Mitglieder

[22] Vgl. „Garantien“ 3. Aufl. S. 190.
[23] Weitling, Garantien S. 154 ff., 3. Aufl. 1849, S. 187 ff.; ähnlich auch Weitling, Die Menschheit, wie sie ist und wie sie sein sollte. 2. Aufl., 1845, S. 36, 37. Die erste Auflage dieser Schrift erschien anonym im Jahre 1838.

betreffen, die nämlichen Einwände wie Rodbertus entgegen-
zusetzen.

Als Resultat der soeben gegebenen Darstellung kann man
folgende Sätze aufstellen. Mit unserer heutigen Gesellschaftsordnung, welche in dem grössten Teil von Europa das Grund-
und Kapitaleigentum anerkennt, ist das Recht auf den vollen
Arbeitsertrag schlechterdings unverträglich. In einer Rechtsordnung, welche das Gemeineigentum mit Sondernutzung statuiert, ist das Recht auf den vollen Arbeitsertrag das natürliche Verteilungsprincip. In der kommunistisch organisierten
Gesellschaft, in welcher das Gemeineigentum mit gemeinsamer
Nutzung verbunden erscheint, ist zwar die Durchführung jenes
Rechts an sich nicht unmöglich, doch sind die praktischen
Schwierigkeiten, die sich einer solchen Kombination entgegen-
stellen, so gross, dass hier als die natürliche Grundlage der
Güterverteilung das Recht auf Existenz betrachtet werden
muss.

§. 14. Schlussbemerkungen.

Welche Bedeutung haben die beiden neuen Rechts-begriffe: das Recht auf den vollen Arbeitsertrag und das Recht auf Existenz, die sich im Laufe eines Jahrhunderts allmählich im Bewusstsein der arbeitenden Volksmassen aus-gebildet haben, für die praktischen Bestrebungen der Gegen-wart? Das unterliegt wohl keinem Zweifel, dass die Aus-bildung eines Rechtssystems, welches von diesen fundamentalen Rechtsideen völlig beherrscht wird, einer fernen Zukunft angehört. Gar viele Anhänger des revolutionären Sociali-mus sind zwar der Ansicht, dass die arbeitenden Klassen sich nur der Staatsgewalt zu bemächtigen brauchen, um die socialistische Gesellschaftsordnung in verhältnismässig kurzer Zeit einzuführen, geradeso wie schon so oft durch einen glücklichen Handstreich eine Veränderung der Staatsverfas-sung bewirkt worden ist. Aber man darf nicht übersehen, dass politische Umwälzungen das innere Leben der Völker nur wenig berühren, während eine Nation durch verfehlte sociale Experimente geradezu vor die Existenzfrage gestellt werden kann. Die sociale Frage wird deshalb nicht wie die politische in einer Nacht (vom 4. auf den 5. August 1789!) gelöst werden. Wohl entspricht unsere heutige Rechts-ordnung nicht mehr vollständig den bestehenden Macht-verhältnissen zwischen den Grund- und Kapitaleigentümern und den arbeitenden Klassen, deren Einfluss auf die Gesellschaft durch Steigerung ihrer Bildung und ihres Standesbewusstseins sich sehr beträchtlich vermehrt hat. Aber die notwendigen Aenderungen werden im Wege einer langen historischen Entwicklung erfolgen, ähnlich wie unsere heutige Gesellschaftsordnung das Feudalsystem im Laufe der Jahrhunderte so zersetzt und zerstört hat, bis es schliesslich nur eines Anstosses bedurfte, um dasselbe vollständig zu beseitigen.

Strebt nun aber unsere sociale Entwicklung der Verwirklichung des Rechts auf den vollen Arbeitsertrag oder des Rechts auf Existenz entgegen? Manche Anzeichen lassen das letztere vermuten. Eine allerdings recht kümmerliche Analogie des Rechts auf Existenz kennen viele Länder seit langer Zeit in der Pflicht der Gemeinde zur Armenversorgung. Aber auch einzelne Teile des Rechts auf Existenz in dem Sinne, wie er oben (S. 1) dargelegt wurde, sind teils schon verwirklicht, teils gehen sie einer nahen Verwirklichung entgegen.

Das Recht auf Existenz geht, soweit es die Unmündigen betrifft, auf Erhaltung und Erziehung; ein Teil dieser Befugnisse ist schon gegenwärtig durch die obligatorische Schulpflicht realisiert, welche man richtiger als das Recht der Unmündigen auf ein gewisses Mass geistiger Ausbildung bezeichnen kann. — Bei Personen, welche durch Alter, Krankheit oder andere Gebrechen arbeitsunfähig sind, geht das Existenzrecht auf zeitweilige oder dauernde Versorgung; diese Ansprüche sind, allerdings nach vielen Richtungen nur in sehr beschränktem Masse, durch die deutschen Reichsgesetze über Kranken-,[1] Unfall-,[2] Invaliditäts- und Altersversiche-

---

[1] Deutsches Reichsgesetz betreffend die Krankenversicherung der Arbeiter vom 15. Juni 1883.

[2] Deutsches Unfallversicherungsgesetz vom 6. Juli 1884.

rung" realisiert worden. — Aehnliche Bestrebungen sind auch
in Oesterreich, in Frankreich und in anderen Ländern im
Zuge.

Am schwierigsten bleibt freilich das Existenzrecht der
Arbeiter selbst, d. i. der arbeitsfähigen Personen, zu realisieren,
einesteils weil es sich dabei um ungeheure Volksmassen handelt
und andrerseits, weil in diesem Falle die Anerkennung des
Rechts auf Existenz, mag dieselbe auch nur in beschränktem
Umfange erfolgen, eine tiefgreifende Modifikation der überlieferten Eigentumsformen bedingt. Rücksichtlich der Arbeiter
selbst begnügen sich deshalb die neueren Gesetzgebungen, nach
dem Vorbilde der englischen Fabriksakte, damit, die Frauen-
und Kinderarbeit einzuschränken, für die sanitären Verhältnisse
Sorge zu tragen und etwa noch für die fabrikmässigen Betriebe eine Maximaldauer der täglichen Arbeitszeit (Normalarbeitstag) zu bestimmen. Doch beziehen sich diese Schutz-
massregeln nur auf die industriellen, nicht auch auf die land-
und forstwirtschaftlichen Arbeiter, bei welchen letzteren die
Machtverhältnisse viel ungünstiger liegen als bei den ersteren,
weil ihre Interessen einesteils mit jenen des grossen und mittleren Grundbesitzes kollidieren, der noch fast überall in Europa
die staatliche Macht im Wesentlichen in seinen Händen hat,
und weil andrerseits die land- und forstwirtschaftlichen Arbeiter infolge ihrer örtlichen Vereinzelung nur sehr wenig
Einfluss auf die Gesellschaft ausüben. Doch handelt es sich
auch bei den industriellen Arbeitern nur um Massregeln der
Gewerbe- und der Gesundheitspolizei, und es ist insbesondere
in den modernen Fabriksgesetzgebungen eine Annäherung an
das Recht auf Existenz nicht zu erkennen.

Wohl aber liegt diese Tendenz den Bestrebungen zu
Grunde, welche darauf ausgehen, dem **Recht auf Arbeit**

---

[3] Deutsches Reichsgesetz betreffend die Invaliditäts- und Altersversicherung vom 22. Juni 1889.

in unseren modernen Gesetzgebungen Anerkennung zu verschaffen. Die wesentlichen Eigentümlichkeiten und die historische Entwicklung dieses neuen Rechtsbegriffes sind schon
oben (§. 1) dargestellt worden. Hier mag nur bemerkt werden, dass das Recht auf Arbeit, eben weil es sich unserer
privatrechtlichen Gesellschaftsordnung anschliesst und diese
ähnlich wie unsere heutige Armenpflege gewissermassen er-
gänzt, zu einer Uebergangsform sehr geeignet ist, dass es aber
ebenso gewiss, wenn es einmal anerkannt und verwirklicht
werden sollte, nur den Anfangspunkt einer neuen Entwicklung
der Menschheit bilden wird.

Mag nun aber die künftige Entwicklung der socialen
Frage in der Richtung des Rechts auf den vollen Arbeitsertrag oder des Rechts auf Existenz erfolgen, in beiden Fällen
ist es unerlässlich, dass die Gebrechen unserer heutigen socialen
Ordnung nicht künstlich gesteigert und durch einen gewalt-
samen Ausbruch die allmähliche Umgestaltung unserer Rechtsordnung unmöglich gemacht wird. Nach meiner Auffassung
sind namentlich zwei Punkte hervorzuheben, welche die Gesetzgebungen der modernen Staaten viel zu wenig beachtet
haben.

Vor Allem müsste als ein Hauptgrundsatz der Gesetzgebung anerkannt werden, dass alle Massregeln nach Möglichkeit zu vermeiden sind, durch welche arbeitsloses Einkommen
geschaffen oder das bereits vorhandene vermehrt wird. Man
kann ohne Uebertreibung behaupten, dass jede in grösserem
Massstabe erfolgende Vermehrung des arbeitslosen Einkommens
der besitzenden Klassen ein Moment ist, welches unsere heutige
Gesellschaftsordnung dem Abgrund entgegendrängt. Die Fälle,
in welchen der Staat künstlich arbeitsloses Einkommen schafft,
sind sehr zahlreich; ich erwähne hier nur die Kontrahierung
von Staats- und Kommunalschulden, namentlich zu unproduktiven Zwecken, Schutzzölle auf industrielle und landwirtschaftliche Produkte, sofern diese den Zweck haben, die Grund-

rente und den Kapitalgewinn zu steigern, die Einrichtung von Sinekuren und übermässig besoldeten Aemtern u. s. f. Gewöhnlich pflegen die Parteien, welche solche Massregeln vorschlagen, nur ihre politischen und volkswirtschaftlichen Zwecke ins Auge zu fassen, während die socialen Konsequenzen sich fast immer der Beachtung entziehen, weil die arbeitenden Klassen, die das arbeitslose Einkommen in letzter Reihe aufzubringen haben, in den Parlamenten nur mangelhaft oder gar nicht vertreten sind.

Noch verderblicher als die Begründung von neuem arbeitslosen Einkommen wirkt jede Uebertragung der Grundrente und des Kapitalgewinns von einer Volksklasse auf die andere, sofern dieselbe durch Massregeln der Gesetzgebung, also durch staatlichen Zwang erfolgt. Hierher ist, wie bereits oben bemerkt wurde, jede Ablösung der Hypothekarlasten des landwirtschaftlichen Grundbesitzes auf Kosten des Staates zu rechnen. Denn diese besteht im Wesentlichen darin, dass ein Teil der Grundrente, welche die Städtebewohner in der Form von Hypothekarzinsen beziehen, diesen durch den Staat weggenommen und den dermaligen Eigentümern der landwirtschaftlichen Grundstücke geschenkt wird. Dass ein solcher Rechtsbruch, welcher nicht den Schutz der redlichen Arbeit, sondern die Zuweisung eines arbeitslosen Einkommens an eine Volksklasse auf Kosten einer anderen bezweckt, die gesamte Rechtsordnung auf das Tiefste erschüttern müsste, kann nicht bezweifelt werden.

Man wende dagegen nicht ein, dass ein solcher Rechtsbruch auch in Ansehung der Feudallasten stattgefunden hat, ohne dass die Achtung vor dem Eigentum erheblichen Abbruch gelitten hat. Denn bei den Hypothekarlasten handelt es sich nicht wie bei den Feudallasten um ein arbeitsloses Einkommen, welches auf gar keinem oder einem verschollenen Rechtstitel beruhte und das einer verhältnismässig sehr beschränkten Gruppe von grossen Grundeigentümern zufloss: vielmehr kommen hier Rechte in Frage, die zum grossen Teile durch Rechtsgeschäfte während der letzten Generation begründet wurden und die, namentlich in der Form von Hypotheken, Pfandbriefen, Aktien, Sparkassebüchern u. s. f. ausserordentlich weiten Volkskreisen zu gute kommen. Man kann deshalb mit ziemlicher Sicherheit vorhersagen, dass das Privateigentum eine solche „Ablösung" der Hypothekarlasten nicht um ein Menschenalter überdauern würde.

Autorenregister.